浜内彩乃 Hamauchi Ayano

増補改訂

発達障害に関わる人が知っておきたい
サービスの基本と利用のしかた

ソシム

はじめに

近年、「発達障害」という言葉が多くの方々に普及しています。医療や福祉、教育、司法、産業といったさまざまな領域で「発達障害」と診断された方やその疑いをもつ方が支援の対象となり、発達障害児・者（以下、発達障害をもつ方）に関わる支援者が増えました。

発達障害をもつ方を支援するうえで、障害についての理解やその支援方法を学ぶことはもちろん重要です。それと並行して、**発達障害の方の生活を支えるための制度やサービスといった社会資源を適切に使う必要がある**と感じています。

本書では、そうした支援者のみなさんに、発達障害をもつ方（特に発達障害のグレーゾーンといわれる方や知的障害をともなわない発達障害の方）の支援に有効となる社会資源についてわかりやすく解説しています。

社会資源は法律に基づいて作られますが、法律は頻繁に改正されます。支援者にとっては、常に新しい情報にアンテナを張り、知識を更新しなければならないので大変ですが、法改正は、新たな技術を取り入れ、新たな社会問題を解決していくために必要です。

2024年に、児童福祉法や障害者総合支援法など福祉制度の中心となる法律の改正がありました。そのため、法改正に即して本書を改編しました。

また、本書を執筆した後に発刊した『発達障害に関わる人が知っておきたい「相談援助」のコツがわかる本』『流れと対応がチャートでわかる！ 子どもと大人の福祉制度の歩き方』も併せて読んでいただくと、より制度や支援についての理解が深まるでしょう。

本書は全5章で構成しています。まず第1章では、日本の社会保障制度や社会保障に関わる基本的な法律、発達障害の診断から福祉サービスまでの利用方法についての流れなどをまとめています。

第2章と第3章は「**子ども編**」となります。第2章では、発達障害をも

つ子どもが利用できる福祉サービスや相談先について説明しています。第3章では、障害の有無に関係なく子どもが使えるサービスや、子育ての相談先から子どもの預かり先、特別支援教育など就学に関する内容までを解説しました。

　第4章と第5章は「**大人編**」です。第4章では、「経済面・生活面」の支援で利用できるサービスとして障害年金や自立支援医療、傷病手当金、失業手当、相談先について取り上げ、第5章では、「就労面」での支援で利用できるサービスを説明しています。就労の形態、職業訓練、就労に関するさまざまな相談機関など、複雑な就労支援の制度やサービスについて、図表を用いて具体的な支援方法を提示しながら解説しました。

　社会資源は非常に重要なものでありながら、複雑でわかりにくいものとなっています。本書では、重要なポイントを押さえつつもできるだけ簡潔にわかりやすく説明することを心がけました。そのため、さらに詳しく知りたいと思われた箇所は、巻末にある法律一覧などを見て調べていただきたく思います。

　本書は、社会保障や社会資源についてすみずみまで把握することを目的としていません。発達障害をもつ方に関わる支援者のみなさんに「このような資源があるのだ」と知っていただき、当事者の方にとってその資源が利益となるよう正しく使っていただけるきっかけになればと思っています。

　最後なりましたが、素敵なカバーに仕上げていただいたカバーデザイナーの山之口正和様、かわいいカバーイラストを描いていただいた寺崎愛様、わかりやすい図表を作成してくださった本文デザイナーの初見弘一様、本書の出版をご提案くださり私の原稿を1冊の本として出版することにご尽力いただいた蔵枡卓史様、改訂版にご尽力いただいた内藤杏里様に深く感謝申し上げます。

　　2024年10月　　　　　　　　　　　　　　　　浜内　彩乃

目次

はじめに

第 1 章

発達障害をもつ人の支援者が知っておきたい基礎知識

- 1-1 日本の社会保障制度は「申請主義」になっている ····· 12
- 1-2 発達障害の診断名を押さえよう ····· 15
- 1-3 福祉サービスの中心となる法律の内容 ····· 19
- 1-4 障害者手帳の種類と取得方法は？ ····· 22
- 1-5 診断を受けてからサービスを利用するまでの流れ ····· 27
- 1-6 発達障害に特化した相談機関の特徴 ····· 30

第 2 章

子ども編

障害児が使える
サービスは？

- 2-1 子どもが障害者手帳をもつことの
  メリット・デメリット ……… 34
- 2-2 子どもに関わる手当の内容 ……… 38
- 2-3 障害のある子どもに関する相談先の特徴 ……… 41
- 2-4 専門的な支援を受けられる機関の特徴 ……… 45
- 2-5 個別支援計画とは何か？ ……… 51
- 2-6 送迎をしてほしいとき〜ガイドヘルパーの利用〜 ……… 54
- 2-7 集団保育がむずかしいとき〜加配保育士の利用〜 ……… 57

第3章

子ども編

障害の有無に関係なく
使えるサービス

3-1 子育てを支える制度の概要 ……………………………… 62

3-2 子どもの相談の中心である「利用者支援事業」………… 64

3-3 子育て中の親子と交流がしたい
〜地域子育て支援拠点事業〜 ……………………………… 67

3-4 養育の指導をしてほしい〜養育支援訪問事業〜 ……… 69

3-5 少しの間子どもを預かってほしい
〜子育て短期支援事業〜 …………………………………… 71

3-6 少しの間、子どもを見てほしい
〜子育て援助活動支援事業〜 ……………………………… 74

3-7 病気の子どもを預かってほしい〜病児保育事業〜 …… 77

3-8 児童福祉法で定められている入所施設の特徴 ………… 80

3-9 子どもを守る地域ネットワークの特徴 ………………… 82

3-10 特別支援教育の内容 ……………………………………… 85

3-11 就学先の決定の流れ ……………………………………… 91

3-12 合理的配慮とは何か？ …………………………………… 95

3-13 個別の教育支援計画と個別の指導計画 ………………… 98

3-14 学校内の特別支援教育の中心人物 …………………… 101

第 4 章

大人編

経済面・生活面の支援で
利用できるサービス

4-1 大人が障害者手帳をもつことの
メリット・デメリット ・・・・・・・・・・・・・・・・・ 104

4-2 経済的支援のかなめ：障害年金とは？ ・・・・・・・・ 107

4-3 障害年金の申請書類と Q&A ・・・・・・・・・・・・・・ 111

4-4 長期間の通院の際に使える医療費の制度
〜自立支援医療〜 ・・・・・・・・・・・・・・・・・・・・ 113

4-5 病気などで会社に行けなくなった時の支援
〜傷病手当金〜 ・・・・・・・・・・・・・・・・・・・・・ 115

4-6 仕事を辞めたあとの金銭的サポートがほしい
〜失業手当〜 ・・・・・・・・・・・・・・・・・・・・・・ 118

4-7 障害者向けの制度やサービスを利用するために ・・・ 121

4-8 外出や家事を手伝ってほしい〜移動介護従事者〜 ・・・ 124

4-9 余暇活動や交流の場がほしい
〜地域活動支援センター〜 ・・・・・・・・・・・・・・・ 127

4-10 身近な相談場所がほしい〜相談支援事業所〜 ・・・ 130

4-11 専門的な相談機関はどこ？
〜精神保健福祉センター〜 ・・・・・・・・・・・・・・・ 135

4-12 「制度やサービスのはざま」にいる方へのサポート ・・・ 138

第 5 章

大人編
就労面の支援で利用できるサービス

5-1	就労に関する制度やサービスの概要	144
5-2	大人の場合の合理的配慮	148
5-3	障害者雇用で使える相談機関	150
5-4	特例子会社の特徴	154
5-5	支援を受けながら働きたい〜就労継続支援 A 型支援事業〜	156
5-6	ゆっくりと働きたい〜就労継続支援 B 型支援事業〜	158
5-7	働く練習がしたい〜就労移行支援事業〜	160
5-8	就職したあとのサポートがほしい〜就労定着支援事業〜	163
5-9	家事・生活スキルを高めたい〜自立訓練（生活訓練）事業〜	165
5-10	若年コミュニケーション能力要支援者就職プログラムとは？	168
5-11	精神・発達障害者雇用サポーターとは？	172
5-12	職業能力の開発に関する制度	174

- 5-13 地域障害者職業センターの特徴 ……………… 176
- 5-14 発達障害者に対する体系的支援プログラムの特徴 … 181
- 5-15 障害者就業・生活支援センターの特徴 ………… 183
- 5-16 就労支援のまとめ ……………………………… 188

発達障害支援に関連する用語一覧
発達障害に関連する検査一覧
障害者・児童・就労に関連する法律一覧
さくいん

第 1 章

発達障害をもつ人の
支援者が知っておきたい
基礎知識

この章では、発達障害の診断名や福祉サービスの中心となる法律の内容、障害者手帳の種類や取得方法、発達障害に特化した相談機関の特徴など、福祉サービスの全体像について解説します。

1-1 日本の社会保障制度は「申請主義」になっている

福祉サービスなどは申請主義が原則となっているため、社会保障制度（社会資源）を知ることはとても大切です。

● サービスを利用するために必要な「申請」

　発達障害をもつ子どや大人の支援者にとって、福祉サービスなどの社会保障制度（社会資源）を知ることはとても大切です。

　まず日本国憲法第25条には**すべての国民は国によって文化的な最低限度の生活を保障すること**が明記されています。そして、文化的な最低限度の生活を自力で達成することができない人たちに、**国は税金を使って達成できない部分を保障するというしくみ**になっています（これを社会保障といいます）。

　これは憲法で定められている基本的人権の1つですので、全国民が生まれながらにもつ当然の権利です。しかし、日本の社会保障制度は「**申請主義**」で運用されているため、この当然の権利の行使が非常にむずかしい側面があります。**「申請主義」とは、社会保障を受けたい人が自分で申請をしなければいけないというしくみ**です。

　たとえば、18歳未満の子どもがいる家庭はお金がもらえるという制度があったとします。しかし、市役所で申請して認められなければ、制度を利用できません。「制度を知らなかった」「申請方法がわからなかった」という場合、もらえるはずのお金や制度が使えないのです。

　しかも多くの制度は、「あなたはこの条件にあてはまるので、申請をしたらお金がもらえたり、サービスが使えたりしますよ」などと丁寧に教えてくれません。「知ったときにはすでに申請期日を過ぎていた…」ということも起こります。日本は「知らないと損をする」国なのです。

● 障害をもつ人ほど申請が困難という実態

　制度やサービスを受けるしくみは本当に複雑です。「そもそもどうや

> ◁ **福祉の基本的な3つの考え方** ▷

福祉の基本的な考え方には、「自助」「共助」「公助」の3つがあります。

1 自助

国民の一人ひとりが生活を送るために努力をすることを指します。困ったことがあれば、自分で考えて行動して対処する以外にも、健康に気をつける、教養を身につけるといったことも含まれます。

2 共助

周囲の人々と助け合い、協力し合うことを指します。困ったことがあったときに、友達や家族、近所の人と助け合うことです。

3 公助

自助や共助をしたうえで解決できないことに対して、行政や公的機関が法律や制度に基づいて助けるというものです。

って調べたらいいかわからない」「どうやって知ればいいかわからない」ことも多々あります。

障害をもたない人でも苦労するわけですから、障害をもつ人であればより大変であることは容易に想像できるでしょう。発達障害の当事者から権利を委託されて代理で申請することはできますが、申請自体は不可欠です。そして、障害があると自助・共助だけでは豊かな生活を送ることが困難になる場面が出てきます。

つまり、障害をもっていると公助が必要になることが多くなりますが、**公助を受けるためには申請が必要で、その申請は障害をもっている方ほど困難になる**ということです。

実は、日本の障害者手帳取得率や生活保護率は他の先進国に比べて低いというデータが出ており、この点は世界からも指摘されています。決して日本には障害者が少ないとか貧困世帯が少ないわけではありません。制度やサービスの受給までたどり着ける人が少ないのです。

発達障害をもつ人と社会資源をつなぐ支援者の役割は重要

そこで、発達障害をもつ人に関わる専門職（支援者）が制度やサービスについて学び、①「**こんな制度やサービスがあります**」と受給者に伝え、②「**このように申請したらいいですよ**」と申請方法を教え、③「**申請の手続きを手伝います**」と一緒に動くことが必要です。

申請の手続きは、市町村役場などの機関に手続きを手伝ってくれる支援者がいます。そのため多くの専門職（支援者）は、申請を手伝ってくれる支援者がどこにいるのかを知っておくとよいでしょう。

まずはソーシャルワーカーの在籍を確認する

制度やサービスにつなぐ専門職として「**ソーシャルワーカー**」と呼ばれる人たちがいます。社会福祉士や精神保健福祉士の資格をもつ人々です。市町村役場や病院、障害者相談支援事業所などにいることが多いので、**まずは身近な所に問い合わせ、ソーシャルワーカーの在籍を確認してください。**

制度やサービスを申請する際にソーシャルワーカーの力を借りたほうがよいですが、実はその養成カリキュラムのなかに発達障害を詳しく学ぶ機会はありません。

発達障害をもつ人は、現状、制度やサービスにつながりにくい状況にあるということです。ですので、この本を手に取ってくださったみなさんが少しでも発達障害に関わる制度やサービスについて知り、それを当事者の方々に伝える役割を担ってほしいと願っています。

- 日本の福祉サービスは「申請主義」が原則になっています
- 制度やサービスの申請では、市町村役場などの支援者が手伝ってくれます

1-2 発達障害の診断名を押さえよう

> 診断名は診断基準によって変わります。また、政令や省令などによっても定義が若干異なります。

● 支援者が「発達障害」の定義を正しく知るべき理由

10年前に比べて「発達障害」という言葉を知っている人は増えたように思いますが、発達障害を正しく理解できている人は、専門職（支援者）でもまだまだ少ない印象があります。

そもそも「発達障害」の定義を正しく知っておかなければ、どういった方が制度やサービスの対象となるのかがわかりません。

また、制度やサービスを利用する際には申請用紙に診断名を記入する必要があることがあり、どのような診断名を記載すれば申請が通るのかを知っておくことが重要です。そこで、ここでは発達障害の種類と特徴について簡単にまとめます。

● 診断基準によって診断名は変わる

そもそも「発達障害」という診断名はなく、発達障害の定義は17ページ表の通りです。自閉症（自閉スペクトラム症）や学習障害（LD）など複数の障害の総称が「発達障害」です。あまり知られていませんが、トゥレット症候群や吃音（症）も発達障害に含まれます。

自閉症や学習障害、ADHD（注意欠如・多動症、注意欠如・多動性障害）を診断する基準は、WHO（世界保健機関）が公表している「ICD-10」と、米国精神医学会が発行している「DSM-5」とで診断基準や診断名が異なるため、これらの違いを知っておく必要があります。

なぜなら**医師が日常診療で記載する公文書では精神保健福祉法に基づき「ICD-10」分類による診断名が用いられますが、診断書やカルテには「DSM-5」で診断名を記載する医師が多く、当事者もDSM-5の診断名で語る方が多い**からです。

DSM-5とICD-10の分類の違い

DSM-5の「知的能力障害群」とICD-10の「精神遅滞（知的障害）」がイコールになります。

DSM-5

神経発達症群／神経発達障害群
知的能力障害群
コミュニケーション症群／コミュニケーション障害群
自閉スペクトラム症／自閉症スペクトラム障害
注意欠如・多動症／注意欠如・多動性障害
限局性学習症／限局性学習障害
運動症群／運動障害群 （発達性協調運動症／発達性協調運動障害、常同運動症／ 常同運動障害、チック症群／チック障害群）
他の神経発達症群／他の神経発達障害群

ICD-10

精神遅滞（知的障害）	
心理的発達の障害 （F80-F89）	小児〈児童〉期および青年期に通常発症する行動および情緒の障害 （F90-F98）
会話および言語の特異的発達障害	多動性障害
学習能力の特異的発達障害	行為障害
運動機能の特異的発達障害	行為および情緒の混合性障害
混合性特異的発達障害	小児〈児童〉期に特異的に発症する情緒障害
広汎性発達障害	小児〈児童〉期および青年期に特異的に発症する社会的機能の障害
その他の心理的発達障害	チック障害
詳細不明の心理的発達障害	小児〈児童〉期および青年期に通常発症する他の行動および情緒の障害

それぞれの発達障害の定義

法律（発達障害者支援法）

自閉症、アスペルガー症候群その他の広汎性発達障害、学習障害、注意欠陥多動性障害その他これに類する脳機能の障害であってその症状が通常低年齢において発現するものとして政令で定めるもの（発達障害者支援法第2条第1項）

政令

発達障害者支援法第2条第1項の政令で定める障害は、脳機能の障害であってその症状が通常低年齢において発現するもののうち、言語の障害、協調運動の障害その他厚生労働省令で定める障害とする（平成17年政令第150号 発達障害者支援法施行令第1条）

省令

発達障害者支援法施行令（平成17年政令第150号）第1条の規定に基づき、発達障害者支援法施行規則を次のように定める（厚生労働省令第81号）

【発達障害者支援法施行規則】

発達障害者支援法施行令第1条の厚生労働省令で定める障害は、心理的発達の障害並びに行動及び情緒の障害（自閉症、アスペルガー症候群その他の広汎性発達障害、学習障害、注意欠陥多動性障害、言語の障害及び協調運動の障害を除く。）とする

通知

これらの規定により想定される、法の対象となる障害は、脳機能の障害であってその症状が通常低年齢において発現するもののうち、ICD-10（疾病及び関連保健問題の国際統計分類）における「心理的発達の障害（F80-F89）」及び「小児＜児童＞期及び青年期に通常発症する行動及び情緒の障害（F90-F98）」に含まれる障害であること。
なお、てんかんなどの中枢神経系の疾患、脳外傷や脳血管障害の後遺症が、上記の障害を伴うものである場合においても、法の対象とするものである。（17文科初第16号 厚生労働省発障第0401008号 文部科学事務次官・厚生労働事務次官通知 平成17年4月1日）

引用：発達障害情報・支援センター「諸外国の「発達障害」の用語の使用と支援の概要」
http://www.rehab.go.jp/ddis/world/foreign/definition/

第1章 発達障害をもつ人の支援者が知っておきたい基礎知識

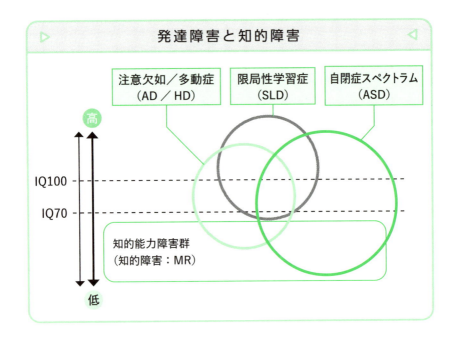

　さらにややこしいことに、政令（内閣が制定する命令）、省令（各省の大臣が発する命令）、通知（行政同士での助言）によって定義が若干異なります。**どこでどのように定義づけられているか**が制度やサービスを利用するうえでは重要になります。
　また、発達障害は知的障害を併存する場合もあります。知的障害は、知的機能の障害（知的指数〔IQ〕がおおむね70までのもの）が発達期にあらわれ、日常生活に支障が生じているため、何らかの特別の援助を必要とする状態にあるものを指します。

- 診断基準によって診断名は変わるため、これらの違いを知ることが大切です
- 政令や省令によっても定義が少し異なるため、制度やサービスを利用するうえではどこでどのように定義されているかを確認することが重要です

1-3 福祉サービスの中心となる法律の内容

制度やサービスなどの根拠は、障害者基本法や障害者総合支援法、児童福祉法などに規定されています。

制度やサービスには根拠となる法律がある

　制度やサービスを知るうえで、**その根拠となる法律を把握しておくことは非常に重要**です。制度やサービスはすべて法律に基づいて制定されているため、どの法律でどのように決められたことが根拠となっているかを知ることで、制度やサービスなどの社会資源を正しく使うことができます。ただし、法律をすべて頭のなかに入れておくのは困難ですので、制度やサービスには法的根拠があることを知れば十分です。

　実は、法律で定められていることがそのまま運用されているわけではないという場面は多くあります。たとえば、放課後等デイサービスは「生活能力の向上のために必要な訓練、社会との交流の促進その他の便宜を供与すること」とありますが、訓練が行われていなかったり、利用する際に作成される「個別支援計画」の作成のされ方が誤っていたり、個別支援計画の半年に1度の見直し（モニタリング）が行われていなかったりということがあります。

　実際には利用できるはずのものが利用できないなど、時には当事者にとって不利益になる運用をしている場合があります。そうした時に**その制度やサービスを規定している法律に立ち返り、法的根拠を示して正しい対応をしてもらうことが必要**です。本項では、そうした場面に出くわした際にぜひ見直してもらいたいです。

障害福祉サービスは「障害者総合支援法」に明記

　まず障害者は、「**障害者基本法**」という法律で定義されています。この障害者基本法の理念にのっとって、障害福祉サービスについて明記されているのが「**障害者総合支援法**」です。以前は「身体障害」「知的障害」

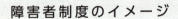

障害者制度のイメージ

障害をもつ人への障害福祉サービス給付について明記。4障害を一元化し、どの障害であっても同じ制度、サービスが受けられるようになった

障害者総合支援法 2013年

身体障害者福祉法	知的障害者福祉法（旧精神薄弱者福祉法）	精神保健及び精神障害者福祉に関する法律（精神保健福祉法）（旧精神衛生法）	発達障害者支援法
1949年	1960年	1950年	2004年

障害者基本法（旧心身障害者対策基本法） 1970年

障害者の自立および社会参加についての基本的な理念

「精神障害」「発達障害」の4障害それぞれに法律があり、それらに基づいて障害ごとに制度やサービスが定められていました。

しかし、2005年に「**障害者自立支援法**」ができて**障害の一元化が行われ、どのような障害であっても同じ制度やサービスが受けられる**ようになりました。障害者自立支援法が改正されたものが「障害者総合支援法」です。重要なことは、発達障害者の制度が整備されたのは他の障害に比べて遅かったという点です。

発達障害の制度が整うまで、**発達障害者は「精神障害」に分類されて**

児童に関する法律

児童に関する法律の多くは障害の有無は関係ない

児童福祉法、児童虐待防止法、児童扶養手当法、児童売春禁止法、地域保健法、母子保健法、母子及び父子並びに寡婦（かふ）福祉法、次世代育成支援対策推進法など

対処できないときに障害者の法律が適応

障害者総合支援法、障害者基本法、知的障害者福祉法、知的障害者福祉法、特別児童扶養手当等の支給に関する法律など

いたことから、**今でも精神障害と同等に扱われることが多い**のです。障害者基本法の障害者の定義でも「**精神障害（発達障害を含む）**」とされています。

一方、18歳未満の児童に関しては、障害の有無にかかわらず「**児童福祉法**」が中心の法律となります。**児童に関しては、「障害の有無にかかわらず」という法律が多い**ことを押さえておいてください。

POINT!

- 障害者は「障害者基本法」という法律で定義され、障害福祉サービスについては「障害者総合支援法」で明記されています
- 18歳未満の児童は、障害の有無にかかわらず「児童福祉法」が中心の法律となります

1-4 障害者手帳の種類と取得方法は?

> 障害者手帳は大きくわけて3種類あり、それぞれの取得方法は異なります。

● 障害者手帳は3種類ある

「**障害者手帳**」とは障害のある人が取得できる手帳の総称で、大きく分けて3種類あります。

精神疾患に罹患し、日常生活に支障がある場合に取得する「**精神障害者保健福祉手帳**」、知的障害と認定された場合に取得する「**療育手帳**」、身体に障害がある場合に取得する「**身体障害者手帳**」です。

発達障害をもつ子どもや大人が取得する場合には、精神保健福祉法に規定されている「精神障害者保健福祉手帳」が基本となります。

発達障害と併存して知的障害がある場合には、「療育手帳」と「精神障害者保健福祉手帳」の2つを取得することができます。もちろん、身体障害も併存していれば障害者手帳3つを取得することが可能です。

なお、**手帳は申請書類を提出してから1〜3か月程度で交付されます**。

● 各手帳の等級とは?

それぞれの障害者手帳には等級があります(次ページ表を参照)。

「精神障害者保健福祉手帳」には、1級(重度)、2級(中度)、3級(軽度)があります。

「療育手帳」は法律で規定されていないため、都道府県ごとに等級が異なります。一番多いのは、「A、B_1、B_2」という3段階の分類です。また、療育手帳は地域によって「みどりの手帳」や「愛の手帳」など名称が異なるので注意が必要です。

「身体障害者手帳」は、身体障害者福祉法に規定されており、聴覚障

各手帳の等級

精神障害者保健福祉手帳の等級

1級（重度）	精神障害であって、日常生活の用を弁ずることを不能ならしめる程度のもの
2級（中度）	精神障害であって、日常生活が著しい制限を受けるか、または日常生活に著しい制限を加えることを必要とする程度のもの
3級（軽度）	精神障害であって、日常生活もしくは社会生活が制限を受けるか、または日常生活もしくは社会生活に制限を加えることを必要とする程度のもの

※「こころの情報サイト　精神障害者保健福祉手帳」をもとに作成
https://kokoro.ncnp.go.jp/support_certificate.php

療育手帳の等級

重度（A）の基準	① 知能指数がおおむね35以下であって、次のいずれかに該当する者 ・食事、着脱衣、排便および洗面等日常生活の介助を必要とする ・異食、興奮などの問題行動を有する ② 知能指数がおおむね50以下であって、盲、ろうあ、肢体不自由等を有する者
それ以外（B）の基準	重度（A）のもの以外 ＊IQ70〜80の範囲で設定されていることが大半

なお、交付自治体によっては、独自に（A）や（B）を細分化している場合もある。

※厚生労働省「療育手帳制度の概要」をもとに作成
https://www.mhlw.go.jp/content/12200000/000609806.pdf

や視覚障害など、障害ごとに1〜6級に分類された方に交付されます（7級までありますが、7級は単独では手帳の交付対象とはなりません）。

　身体障害者手帳は一度取得すると無期限に所持することができます。等級については下記を参照ください。

＊厚生労働省「身体障害者障害程度等級表」
https://www.mhlw.go.jp/bunya/shougaihoken/shougaishatechou/dl/toukyu.pdf

● 各手帳の取得方法は？

取得方法も手帳ごとに異なります。

■ 精神障害者保健福祉手帳の取得

「精神障害者保健福祉手帳」は、**精神科を初めて受診して6か月が経過しないと申請できません**。精神疾患は病気であり、精神疾患に罹患してもすぐには障害者になるわけではないという考え方があるためです。

また、精神疾患は治る可能性があることから、**成人してからも2年ごとの更新が定められています**。

発達障害は生まれながらの脳機能の障害ですから、精神障害者保健福祉手帳の考え方とは異なります。同じ障害者手帳というのは少し無理がありますが、現状ではそのようになっています。

■ 療育手帳の取得

「療育手帳」を取得する際には、**「知的障害かどうか」の判定が重要**です。この判定基準の1つであるIQ（知能指数）の数値も、都道府県によって異なります。

知的水準は18歳未満では成長により変動するため、**年齢によって2〜5年ごとの更新がありますが、18歳以上は更新期間が10年〜無期限になります**。療育手帳は大人と子どもとで取得方法が異なり、また、都道府県によっても方法が異なるので、各自治体に問い合わせてください。

なお、都道府県によってはIQが高くても発達障害の診断がついていれば「療育手帳」を申請できるところもあります。療育手帳が法律で規定されていないからこそできる柔軟な対応です。

■ 身体障害者手帳の取得

「身体障害者手帳」は、市町村窓口に申請の相談に行き、申請書類を受け取ります。その後、指定医に診断書を書いてもらい、その他の申請書類と併せて市町村窓口に提出します。

各手帳の特徴と手続き

精神障害者保健福祉手帳と療育手帳の特徴

	精神障害者保健福祉手帳	療育手帳
取得できる人	精神障害者、発達障害者	知的障害者（発達障害者）
申請までの期間	精神科初診から6か月	即日
更新	2年ごと	18歳未満：2～5年ごと 18歳以上：10年～無期限
知能検査	必要なし	必要

障害者手帳の取得手続き

療育手帳 申請方法

市町村窓口へ相談・申請

↓

- 18歳未満。児童相談所等で判定を受ける
- 18歳以上。知的障害者更生相談所等で判定を受ける

事前に医療機関で知能検査を実施していれば、早く判定を受けられる

精神障害者保健福祉手帳申請方法

精神科を受診

6か月　経過後

市区町村窓口で申請書をもらう

↓

主治医に診断書を書いてもらう

↓

市区町村窓口に書類を提出

身体障害者手帳 申請方法

市町村窓口へ相談・申請

↓

指定医に診断書を書いてもらう

↓

市区町村窓口に書類を提出

第1章 発達障害をもつ人の支援者が知っておきたい基礎知識

25

■精神障害者保健福祉手帳と療育手帳の取得

　「精神障害者保健福祉手帳」と「療育手帳」の両方の手帳を取得できる方の場合、すぐに制度やサービスを利用したいのか、更新の手続きが可能かなどを考え、どの手帳を取得するのがよいかを考えます。

　発達障害の当事者の方の価値観によっては、精神障害・知的障害のどちらかの手帳をもつことに強い抵抗感を示すこともあります。各手帳の特徴を正しく伝えたうえで、どの手帳を取得するかを当事者と話し合ってください。なお、両方の手帳を取得することもできます。

　最後に、「障害者手帳を取得したら問題が全て解決する」と思われている支援者や当事者がいますが、そのようなことはほとんどありません。障害者手帳は身分証明としての役割が高いため、当事者によっては取得前後で何も変わらないこともあります。

　あとの章で子どもと大人それぞれの手帳取得のメリット・デメリットを記載していますので、手帳についての正しい理解を深めていただきたいです。

- 障害者手帳は3種類あり、複数のものを取得することができます
- 発達障害の当事者の方には、特徴を伝えたうえでどの手帳を取得するか話し合うことが大切です

1-5 診断を受けてからサービスを利用するまでの流れ

診断を受けたあと、障害者手帳を取得するかどうかや福祉サービスを利用するかを検討します。

● 事前に医療機関に診断可能かを問い合わせる

ここでは、発達障害をもつ人が制度やサービスを利用するまでの手順をご説明します。

発達障害の人が福祉サービスを利用するためには、**まず精神科を受診すること**が第一歩です。すべての精神科医が発達障害を診断できるわけではないため、**発達障害の診断が可能かどうかを事前に医療機関に問い合わせておきましょう**。

● 障害者手帳の取得やサービス利用を選択する

精神科で発達障害の診断を受けると、**障害者手帳を取得するかどうか**の選択肢が出てきます。そこで当事者が取得することを選択すれば、前述の方法で申請をします。

障害者手帳が交付されると、**福祉サービスを利用するかしないか**を選択できます。障害者手帳を取得したからといって、必ず福祉サービスを利用しなければならないわけではありません。障害者手帳を取得してもそのまま一度も使わずに保管していたという方もいます。

逆にいえば、**障害者手帳を取得したら自動的に福祉サービスを使えるわけではありません**。

また、福祉サービスには「経済的支援」や「就労支援」「家事支援」など多くの種類がありますが、それらも1つずつ当事者が必要とするものを申請しなければ使えません。

各障害者手帳や等級、市町村によって使える福祉サービスは異なりますので、詳細は各自治体に問い合わせてください。

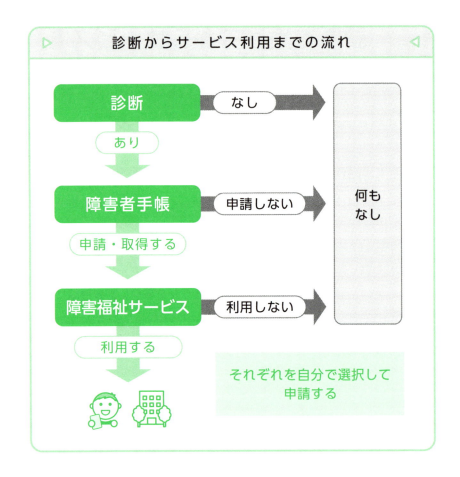

　多くの自治体では、障害者手帳を取得したら使える福祉サービスの一覧をまとめた冊子を用意しています。手帳交付の際には市町村役場の窓口に行きますので、**その際に冊子をもらうよう当事者に伝えておく**とよいでしょう。

　発達障害をもつ方の支援者も、自身が所属する機関の自治体の冊子を事前に取得して手元においておくと便利です。

● **障害者手帳について説明する方法**

　私は当事者の方に障害者手帳について説明をする際、「運転免許証に似ています」と伝えています（特に精神障害者保健福祉手帳の場合）。

運転免許証は、取得したからといって必ず車を運転しなければいけないものではありませんし、期日がきて更新をしたければ更新し、しなければ失効します。更新前に自主返納することもできます。車を運転しなくても、身分証明書として使うこともできます。

　障害者手帳も同じです。このように伝えると、当事者も理解しやすくなると思います。

　なお、障害者手帳を取得するメリット・デメリットは、子どもと大人とでは少し異なるので、子どもについては第2章を、大人については第3章をご覧ください。

 POINT!

- 医療機関に診断が可能かを事前に問い合わせ、障害者手帳の取得や福祉サービスの利用を考えます
- 使える福祉サービスは、各障害者手帳や等級、市町村によって異なるため、各自治体に問い合わせましょう

1-6 発達障害に特化した相談機関の特徴

> 年齢を問わずに相談できる「発達障害者支援センター」は、発達障害をもつ人への総合的な支援を目的にしています。

　発達障害に関して一番中心となる相談機関は「**発達障害者支援センター**」です。
　このセンターは、**発達障害をもつ人への支援を総合的に行うことを目的とした専門機関**で、発達障害者支援法第14条に規定されています。発達障害者への支援を総合的に行う地域の拠点ですから、発達障害をもつ人と関わる支援者は必ず知っておくべき機関です。

● 発達障害者支援センターの特徴は？

　発達障害者支援センターでは相談対象者の年齢は問わないため、**乳幼児期から老人期まで相談することができ、年齢によって相談が途切れる心配がないところが一番大きな特徴**です。
　また、発達障害の診断がついていなくても、**「疑い」の段階から相談することができます**。つまり「自分が発達障害かどうか教えてほしい」という当事者から話を聞いたり、医療機関につなぐ必要があるかどうかの判断もします（診断はできません）。診断がついたあとに、発達障害についての詳しい説明や心理教育などもしてくれます。
　発達障害をもつ人だけでなく、その家族や関係機関等からの相談も受けつけており、困難事例を抱える支援者が相談をすることもできます。

● 発達障害者支援センターの役割は？

　発達障害者支援センターの役割は、①**相談支援**、②**発達支援**、③**就労支援**、④**普及啓発・研修**の4つです。
　①相談支援では、当事者の対人関係での困りごと、家事スキル、日々の悩みごとなど、あらゆる相談が対象で、障害者手帳の取得方法や福祉

サービスについても教えてくれます。

②発達支援は、療育やソーシャルスキルトレーニング（SST）などの子どもの成長発達を促進する関わりを行っていたり、ペアレントトレーニングや養育相談を行っていたりします。保護者からの要請によって園に訪問して行うサポートや、当事者会や家族教室などを行っている場合もあります。

③就労支援は、職場での困りごとへの対処についての相談から、就職・休職・転職・職業訓練まで、就労に関して幅広く相談にのってもらえます。ひきこもりの方やそのご家族に対する相談も対象です。

医療・教育・福祉・行政など幅広い機関と連携しているため、支援に困った場合には、発達障害者支援センターに問い合わせてみることをおすすめします。

④普及啓発・研修では支援者向けの研修会なども開いているため、研修会情報をもらったり、研修会の実施を依頼できます。相談員は、臨床心理士や臨床発達心理士、精神保健福祉士、社会福祉士の有資格者が多く在籍し、来所相談・電話相談・訪問相談など相談方法も多彩です。

● 発達障害者支援センターに確認すべきこと

ただし、発達障害者支援センターは都道府県と政令指定都市に1か所設置すればよいとされているため、県内に1か所しかないところもあります。そのため、場所が遠くて相談に行けなかったり、相談が混み合っていてなかなか対応してもらえないこともあります。

地域によっては、まず市町村役場など身近な機関に相談に行き、それでも解決がむずかしい場合にのみ対応するという体制のところもあります。

各センターの事業内容には地域性があるため、**「どのような相談を受けてもらえるのか」**を問い合わせてください。

発達障害の当事者が相談に通うだけでなく、当事者に関わる支援者がサポートをしてもらうために活用することも望ましいでしょう。

発達障害に関するより専門的な知識や情報を知りたいときには、ぜひ

発達障害者支援センターの4つの役割

1 相談支援
- 発達障害をもつ方の対人関係での困りごと、家事スキル、日々の悩みごとなどのさまざまな相談が対象
- 障害者手帳の取得方法や福祉サービスについても教えてもらえる

2 発達支援
- 療育など子どもの成長発達を促進する関わりを行っていたり、ペアレントトレーニングや養育相談を行っている
- 園に訪問して行うサポートや、当事者会や家族教室などを行っていることもある

3 就労支援
- 職場での困りごとへの対処法から、就職・休職・転職・職業訓練まで、就労について幅広く相談にのってもらえる。ひきこもりの方やその家族の相談も対象

4 普及啓発・研修
- 支援者向けの研修会などを実施しており、研修会の情報をもらったり、研修会の実施を依頼できる

利用しましょう。

　なお、全国の発達障害者支援センターの一覧は下記を参照ください。

＊発達障害情報・支援センター「発達障害者支援センター・一覧」
　http://www.rehab.go.jp/ddis/action/center/

POINT!

- 発達障害者支援センターは年齢を問わずに相談できる専門機関で、4つの役割があります
- 各センターの事業内容には地域性があるため、「どのような相談を受けてもらえるのか」を確認しましょう

子ども編

第 2 章

障害児が使える
サービスは？

この章では、子どもが障害者手帳を取得するメリットとデメリット、子どもに関する手当、公的な相談機関や専門的な支援を受けられる機関の特徴、ガイドヘルパーの利用などを説明します。

2-1 子どもが障害者手帳をもつことのメリット・デメリット

> 障害者手帳にはさまざまなメリットがありますが、最大のメリットは「障害児」であることの公的な証明になることです。

● 子どもの場合、手帳がなくても使えるサービスが多い

　障害者手帳を取得することのメリット・デメリットを正しく知っておかなければ、手帳を取得する必要があるのかをしっかり吟味することができません。

　福祉サービスは障害者手帳をもっていないと利用できないと思っている支援者も多いのですが、**子どもの場合、障害者手帳がなくても使える福祉サービスが多い**のです。それは1-3で説明したように、**子どもは障害の有無に関係なく、児童福祉法によって多くのことが保障されているため**です。児童福祉法では、児童を「**18歳未満**」と定義しています。

　障害者手帳を取得することに抵抗がある養育者や当事者もいますので、本当に手帳が必要かどうかを検討する必要があります。

● 障害者手帳をもつ一番のメリット

　子どもの場合、障害者手帳を取得する一番のメリットは、やはり**「障害児」であることの公的な証明になる**ということです。発達障害は目に見えない障害ですので、言葉で説明してもなかなか理解されない現状があります。しかし、障害者手帳を見せることで相手に「障害をもっている子どもだ」という理解がされやすくなります。

　園や学校などでは「医師の診断書」だけでも対応してもらえることが多いでしょう。しかし、迷子になったときや災害での避難時などの緊急時には、**障害者手帳を所持していることで身分証明となったり、周囲から適切な対応を受けやすくなったりします。**

　また、中高生など年齢が高くなって行動範囲が広くなったときに、こうした証明書を子ども自身がもっていることで、本人や周囲の安心感に

もつながります。

　私が支援した子は1人でバスに乗って遠方に出かけることを趣味として楽しんでいましたが、見知らぬ人に道を尋ねられるなど話しかけられ、パニックになってしまったため、外出時には障害者手帳を所持し、そうしたときには手帳を見せる約束をしました。

保育園の入園時や公共交通機関の割引など

　自治体によっては**保育園への入園に際して優先順位が高くなったり、公共交通機関の割引、各種料金（有料道路や携帯電話など）の割引減免**が適応されたりします。

　また子どもの場合、**レジャー施設やスポーツ施設で無料もしくは割引、利用に際してのサービスや支援**を受けることもできます。**中高生だと携帯料金や映画館の割引**に魅力を感じる方も多いでしょう。

　ある有名なレジャー施設では、障害者手帳をもっているとアトラクションの待ち時間を待ち列以外の場所で過ごすことができます。発達障害児のなかには待つことが苦手な子もいますが、こうしたサポートを受けることでアトラクションを楽しむことができますし、その子だけでなくその兄弟姉妹にとってもうれしいことです。

　同胞が発達障害を抱える兄弟姉妹のために遊びに行ける場所が限定され、我慢していることもあります。支援者がそうした視点で手帳取得のメリットを話すことも重要です。

特別支援学校への進学の際に必要なことも

　特別支援学校への進学の際に障害者手帳は必須ではありません。ただし、高等部への進学の場合には就職のために手帳取得を入学条件にしている学校もあります。

　これらのメリットについて話す際には、**誰にとってどのようなメリットがあるのか**を意識して伝えましょう。子どもの年齢によってメリットと感じることは異なるはずです。

● 障害者手帳を取得するデメリットは？

デメリットは物理的な点では特にありませんが、あえて挙げるなら「障害者」という証明をもつことに対して子ども自身や家族、周囲がどのように感じるかということです。これがデメリットになってしまう世の中であることは非常に残念ですが…、「デメリットはない」と言い切らず、そうした精神面への影響も考慮する必要があります。

障害者手帳が交付されたあとに、自分の子どもが障害児だと実感して落ち込む養育者もいます。また、その思いが言い出せないままになると、支援者との信頼関係にゆらぎが生じてしまいます。

● 障害者手帳の取得は、養育者とだけで話を進めない

障害者手帳は、**15歳未満の場合、養育者が申請者**となります。重要なことは「申請者」であって、**養育者の同意が必要なわけではない**ということです。そうはいっても、養育者が手帳取得を決定することが多く、子どもに説明や意思確認をせずに手帳を取得していることも多いでしょう。その場合には、**子どもが成長したときに、障害や手帳について説明する機会を設けること**を支援者が提案しておきましょう。

また、子どもが小学校高学年以上の場合には、**養育者が勝手に申請（更新）を決めてしまわず、障害告知と併せて子どもが望むほうを優先すること**を提案してください。

支援者が最も苦慮するのは、手帳取得に関して養育者と子どもとの間で意見が分かれたときです。養育者が取得させたくないと感じていても、障害者手帳は子どもの権利です。支援者はそのことを理解し、**養育者の思いを受け止めつつも養育者とだけで話を進めてしまわないことが重要**です。

15歳以上の場合には、養育者の同意は必要ありません。なかには養育者に内緒のまま申請し、取得した子どももいます。障害者手帳取得をめぐり、支援者を交えて家族会議を実施し、ご家族の障害理解が深まったケースもありました。

障害者手帳のメリット・デメリット

 メリット

- 最大のメリットは「障害児」であることの公的な証明になること
- 保育園への入園で優先順位が高くなったり、公共交通機関の割引や各種料金（有料道路や携帯電話など）の割引減免がある
- 子どもの場合はレジャー施設やスポーツ施設で無料または割引、利用に関するサービスや支援を受けることもできる。携帯料金や映画館の割引もある
- 特別支援学校の高等部への進学の場合には、就職のために手帳取得が入学条件にされる学校もある

 デメリット

- 物理的なデメリットはないが、子ども自身や家族、周囲の人がどのように感じる精神面への影響を考慮する必要がある

 POINT!

- 障害者手帳の取得にはさまざまなメリットがありますが、「誰にとってどのようなメリットがあるのか」を伝えることを意識しましょう
- 障害者手帳は、15歳未満の場合は養育者が申請者となり、15歳以上の場合には申請に養育者の同意は必要ありません。手帳取得については、養育者と子ども双方の思いを受け止めるようにします

子どもに関わる手当の内容

子どもの手当は4つあり、障害の有無に関係なくもらえる手当と、精神・身体に障害がある場合にもらえる可能性がある手当があります。

● 養育者には経済面の負担がある

　発達障害をもつ子どもを育てる際に、養育者にとって大きな負担となるのが「経済的な面」です。この点を支援者もきちんと理解しておく必要があります。

　園や学校からのひんぱんな呼び出しや専門機関への通所により養育者の仕事が制限され、医療費や利用料がかさむということが起こります。

　支援者が経済的なサポートを知らないまま、他の制度やサービスの利用を提案してしまうと、養育者の負担が大きくなってしまいます。

● 障害の有無に関係なくもらえる手当

　子どもに関わる手当は大きく4つあります。そのうち、**障害の有無に関係なくもらえる手当が「児童手当」と「児童扶養手当」の2つ**です。また児童手当のみ所得制限がありません。

　「児童手当」は児童の養育者に支給されるものです。父母が海外にいて子どもが日本にいる場合には、父母の代わりに日本で養育している人に支給されます。また、父母が離婚している場合には、子どもと同居している人に支給されます。つまり、**父母でなくとも子どもを直接養育している人に支給される**と覚えましょう。

　「児童手当」の申請は、児童が生まれたときに市町村役場で行い、出生届と一緒に申請をします。申請が遅れてしまうと、遅れた分の手当は受け取ることができません。

　また、市を変えて転居した場合には、転居先の市町村でも申請をする必要があります。「**出生後、転居後、15日以内**」に申請をしなければな

4つの手当の概要

	児童手当	児童扶養手当	障害児福祉手当	特別児童扶養手当
要件	出生から高校卒業まで	・母子家庭または父子家庭 ・児童が高校卒業まで（障害児は20歳未満）	・精神または身体に重度障害 ・20歳未満	・精神または身体に障害 ・20歳未満
支給額（1か月あたり）	〈3歳未満〉15,000円（第3子以降は30,000円） 〈3歳〜高校卒業〉10,000円（第3子以降は30,000円）	〈1人目〉全額支給：45,500円 一部支給：10,740円〜45,490円 〈2人目以降の加算〉全額支給：10,750円 一部支給：5,380円〜10,740円	15,690円	〈1級〉55,350円 〈2級〉36,860円
支給月	年6回	年6回	年4回	年3回
診断	不要	不要	必要	必要
手帳	不要	不要	不要	不要

※物価スライドにより支給金額が変動することがある

らないので、出産や転居を控える方に関わっている支援者は注意してください。公務員の方は職場で申請をすることになり、申請方法が異なります。

　「児童扶養手当」は、母子家庭または父子家庭に支給される手当です。特に重要なことは、母子家庭や父子家庭になった理由は問われない点です。離婚、死別、未婚はもちろん、父母の生死が明らかでない場合や、父母が1年以上拘禁されている場合なども支給されます。

　また、**DV法による保護命令を受けている子どもや、父母のどちらか**

に重度障害がある場合にも支給されます。

　これらはあまり知られておらず、申請されていないことが多いです。特に、DVに悩みながらも経済的問題から別居に踏み切れない方もいるため、この手当の存在を伝えることは重要です。

　ただし死別の場合、遺族基礎年金や遺族補償を受けていたり、新しい事実婚のパートナーがいる場合などには支給されません。

● 精神または身体に障害がある場合の手当

　子どもに精神または身体に障害がある場合に支給される可能性があるのが、「**障害児福祉手当**」と「**特別児童扶養手当**」です。発達障害は精神障害に含まれるので、これらの手当を申請することができます。

　「**障害児福祉手当**」は、精神または身体に重度障害をもつ子どもに支給されるものです。「**特別児童扶養手当**」は、子どもを監護している父母または父母に代わってその児童を養育している方に支給されるものです。

　どの程度の障害で支給されるかは都道府県が設定しているため、各自治体に確認してください。子どもの障害程度によって「1級・2級」の判定がなされ、それによって支給額も異なります。

　なお、どちらの手当も子どもが児童福祉施設に入所していると受給できません。

- 障害の有無に関係なくもらえる手当が「児童手当」と「児童扶養手当」の2つです
- 子どもに精神または身体に障害がある場合に支給される可能性がある手当が「障害児福祉手当」と「特別児童扶養手当」の2つです。これらは子どもが児童福祉施設に入所している場合は受給できません

2-3 障害のある子どもに関する相談先の特徴

子どものことを相談できる機関それぞれの特徴を押さえたうえで養育者への紹介先を決めましょう。

● すべての公的機関は無料で相談できる

　子どもの公的な相談は複数ありますが、すべての相談が無料のため、親子の相談先として提案しやすいのが大きなメリットです。各機関の特色を知り、どの機関を紹介すればよいかを知っておきましょう。障害の有無も関係なく相談できます。

■「市町村保健センター」「子育て世代包括支援センター」「家庭児童相談室」「こども家庭センター」の特徴

　地域保健法には、住民が利用頻度の高い保険サービスを身近に利用できるように「**市町村保健センター**」の設置が規定されています。主に保健師や管理栄養士が在籍しており、センターによっては歯科衛生士や理学療法士、医師や心理職なども配置されています。センターの事業の一つに母子保健事業があり、母子健康手帳をもらいに行ったり、予防接種や乳幼児健診などで訪問したりする身近な機関です。地区担当を決めているところもあり、同じ保健師が対応してくれるため、お互いの顔と名前を覚え、安心して相談することができます。また、保健センターの母子保健に関する相談機能を有している「**子育て世代包括支援センター（母子健康包括支援センター）**」もあります。これらは、乳幼児期の子育て相談を主にする場所となります。乳幼児健診の結果などから、発達検査や児童精神科、親子教室などにつなげてもらえることもあります。

　児童福祉法には市町村の業務として児童家庭相談が規定されています。市町村役場内で児童家庭相談を行う場所を「**家庭児童相談室**」といいます。そして児童福祉法一部改定によって、家庭児童相談室を拡充した「**子ども家庭総合支援拠点**」を市町村役場に設置するよう求められま

した。この2つは厳密にいえば異なりますが、ここでは同一のものとして説明します。18歳未満の子どもがいる家庭の支援全般に係る業務を担っているため、児童虐待に関する相談や子育てに関する相談の他、主に就学以降の子どもがいる家庭の相談を受け付けています。来所が難しい家庭には、訪問相談も行います。配置されている専門職は自治体によって異なりますが、心理職が配置されている家庭児童相談室では、子どもとのプレイセラピーや心理検査も実施します。

さらに、児童福祉法の改定により子育て世代包括支援センターと子ども家庭総合支援拠点（家庭児童相談室）の機能が合わさった「**こども家庭センター**」を市町村が設置することになりました。これにより、地域保健法による母子保健事業と市区町村における家庭相談支援が一体化され、妊産婦から乳幼児期、児童期と連続した見守りが行われることが期待されています。

■「児童相談所」の特徴

「児童相談所」は18歳未満の子どもについての相談が主です。虐待などの養護相談の他に、養育相談、障害相談、非行相談なども行っています。地域によっては、「子ども家庭センター」「子ども相談センター」という名称のところもあります。児童相談所には医師も在籍しているため（嘱託医であることも）、必要に応じて診断や障害者手帳の交付、投薬なども行います。心理士やケースワーカーなどの職種も在籍しているため、知能検査や心理テストを実施したり、必要な社会資源につなげてくれたりもします。発達障害を診てもらうのは精神科になりますが、子どもを精神科に連れていくことに抵抗を示す養育者も多いでしょう。そうした時に、児童相談所を提案することで上手くいく場合があります。「虐待をしてしまいそう」と悩む保護者の相談先や、虐待のリスクがある家庭の相談先として児童相談所を提案するのもよいでしょう。市町村子ども家庭総合支援拠点に比べ、児童相談所の方が権限は強く、対応範囲も広いですが、市町村子ども家庭総合支援拠点の方が身近で素早い相談ができます。

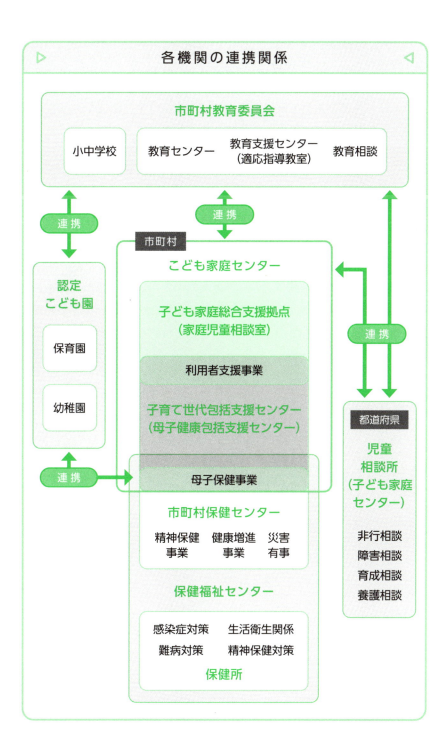

■「教育センター」の特徴

　市町村教育センターでは教育相談を受け付けており、親子でカウンセリングなどを受けることができます。知能検査や発達検査を実施しているかは、地域によって異なりますが、基本的には教育に関する相談の場所です。教育支援センター（適応指導教室）という学校に行けない子どもが通う所も設置されています。心理士や教員が在籍していることが多いです。**学校と非常に近い機関ですので、不登校や学業上の困難など、学校に関連する相談場所を探している方にはここを勧めましょう。**ただし、対象が中学卒業までのところが多いため、長期間での支援が必要な場合、子どもの年齢によっては避けた方がいいかもしれません。

　こうした公的な相談機関の場合、相談時間が平日の9時〜17時までが基本となっています。そのため、養育者が仕事をしている場合や子どもが学校に通っている場合には、お休みして行かなければならないという難点があります。

POINT!

○乳幼児期の子育て相談は「市町村保健センター」「子育て世代包括支援センター(母子健康包括支援センター)」が、就学後の子育て相談は「家庭児童相談室」「市町村子ども家庭総合支援拠点」が望ましいです
○障害の診断や障害者手帳の相談は「児童相談所」が望ましいです
○義務教育に関する相談は「教育センター」が望ましいです

2-4 専門的な支援を受けられる機関の特徴

> 専門的な支援を受けられる障害児通所支援は、子どもの年齢によって利用できる機関が異なります。

● 専門的な支援を受けられる機関は2つある

　発達障害をもつ子どもの場合、その子に合った学習方法やコミュニケーション方法を獲得できると、その後の生活が大きく向上します。そのため専門的な支援はとても重要で、それらの専門的な支援を受けられる場所を知ってつなげる必要があります。

　現在、専門的な支援が受けられる機関には「**障害児通所支援**」と「**障害児入所支援**」の大きく2つがあります。

　入所施設は重度障害児が利用することが多いため、ここでは「障害児通所施設」について説明します。ここに紹介している機関は**すべて障害者手帳の有無が問われません**。児童相談所や医師が必要だと認めた子どもが通うことができます。

　通所施設はすべての障害児に対応することを基本としながらも、特定の障害に対する専門機能に特化することが認められています。そのため、発達障害児に特化したところを探すことが望ましいでしょう。

　養育者は「利用料が心配」と利用をためらうことがありますが、利用料金は世帯収入によって上限が定められていますので、経済的な負担にはなりにくいことを説明してください（次ページ表を参照）。

● 障害児通所支援の利用方法

　「障害児通所支援」の利用方法は、まず事業所を探して見学に行くことから始まります。事業所の探し方は、インターネットでホームページを検索したり、市役所に問い合わせたりします。利用までの手順は次ページの図の通りです。

　なお、「サービス等利用計画書（47P参照）」は、相談支援専門員が子

利用料金と支援の利用法

利用料金

- 自治体負担が9割で利用者の負担が1割
- 1回の利用につき700円〜1,500円程
- 指導内容や事業所によって金額が異なる
- 学校がある日とない日で料金が異なることも多い

世帯の収入状況	区分	利用者負担上限月額
生活保護	生活保護	0円
非課税世帯	低所得	0円
課税世帯	市民税所得割：28万円未満	4,600円
	市民税所得割：28万円以上	37,200円

障害児通所支援の利用方法

事業所の見学

↓

市役所で、受給者証の申請を行う

↓

サービス等利用計画書を作成（セルフプラン、相談支援事業所）

↓

受給者証を受け取る（約2週間〜1か月）

↓

受給者証を事業所に持参し、利用契約を行う

↓

利用開始

※受給者証に必要なサービスの利用頻度などが記載される

どもの状態や解決すべき課題をふまえ、最も適切なサービスの組み合わせ等を検討して作成するものです。サービス等利用計画書は、親子や当事者が立てる「セルフプラン」と、相談員に立ててもらい複数のサービスを使う場合におすすめの「指定障害児相談支援事業所」があります。

■ サービス等利用計画書

- **セルフプラン**　　　　　　：親子や当事者が立てる
- **指定障害児相談支援事業所**：相談員に立ててもらう。
　　　　　　　　　　　　　　　複数のサービスを使う場合におすすめ

● 障害児の通所施設

　障害児の通所施設は、就学前と就学後で分かれています。就学前に利用できるのは「**児童発達支援セター**」と「**児童発達支援事業所**」の2種類あり（通称：児童発達支援）、2つに共通していることは、障害児に対して日常生活や社会生活を円滑に営めるように、**療育などの発達支援を実施**していることです。

健康・生活
心身の健康や生活に関する
こと

人間関係・社会性
人との関りに関する
こと

発達
の
5領域

運動・感覚
運動や感覚に関する
こと

言語・コミュニケーション
言語の獲得に関する
こと

認知・行動
認知と行動に関する
こと

※八重山毎日新聞（2019年2月27日）を もとに作成

　就学後から高校卒業の年齢まで利用できるのが、「**放課後等デイサービス**」です。在学中の障害児に対して、**放課後や夏休み等の長期休暇中に、生活能力向上のための訓練（発達支援）等を継続的に実施**したり、**放課後等の居場所**にもなったりします。

　また本人への発達支援は、子どもが将来、日常生活や社会生活を円滑に営めるようにすることを目標に**発達の5領域**を意識した支援を行うこととされています。5領域はそれぞれが独立しているものではなく、相互に関連して重なりあっています。

　児童発達支援や放課後等デイサービスのプログラムは、事業所によっ

てさまざまですが、今後は発達支援の方針によって総合支援型と特定プログラム特化型の2種類に分かれる方針です。

　総合支援型は、①自立支援と日常生活の充実のための活動、②創作活動、③地域交流の機会の提供、④余暇の提供の4つの基本活動をすべて行い、**特定プログラム特化型は、理学療法・作業療法・言語聴覚**など、専門性の高い有効な発達支援を行うことが想定されています。

　また、発達支援だけでなく、家族支援、移行支援、地域支援・地域連携を行うことも求められています。

	児童発達支援	放課後等デイサービス
家族支援	● アタッチメント（愛着）の形成 ● 家族（きょうだいを含む。）からの相談に対する適切な助言等 ● 障害の特性に配慮した家庭環境の整備	● アタッチメント（愛着）の安定 ● 家族（きょうだいを含む。）からの相談に対する適切な助言等 ● 障害の特性に配慮した家庭環境の整備
移行支援	● 保育所等への移行支援 ● ライフステージの切替えを見据えた将来的な移行に向けた準備 ● 保育所等と併行利用している場合における併行利用先との連携 ● 同年代のこどもをはじめとした地域における仲間づくり	● 放課後児童クラブ等への移行支援 ● ライフステージの切替えを見据えた将来的な移行に向けた準備 ● 放課後児童クラブ等と併行利用している場合における併行利用先との連携 ● 同年代のこどもをはじめとした地域における仲間づくり
地域支援・地域連携	● 通所するこどもに関わる地域の関係者・関係機関と連携した支援	● 通所するこどもに関わる地域の関係者・関係機関と連携した支援

参考：児童発達支援ガイドライン（令和6年7月）
　　　https://www.cfa.go.jp/assets/contents/node/basic_page/field_ref_resources/32675809-3f98-486b-9c03-efc695ede0bb/3889dfba/20240710_policies_shougaijishien_shisaku_06.pdf
参考：放課後等デイサービスガイドライン（令和6年7月）
　　　https://www.cfa.go.jp/assets/contents/node/basic_page/field_ref_resources/32675809-3f98-486b-9c03-efc695ede0bb/842aaa30/20240710_policies_shougaijishien_shisaku_10.pdf

放課後等デイサービスでは、学校がある日の放課後、学校まで送迎車が児童を迎えに来てくれることも多く、また、終わった後も自宅まで送ってくれるところや、土曜日や長期休暇中は朝から夕方まで開所されている場合が多いため、**養育者がお仕事をされているご家庭でも安心して利用することができます**。

　ご家庭で子どもと長時間過ごすことが負担になっている養育者に、子どもと離れる時間を確保するために勧めるのも良いでしょう。事前に親子で見学に行き、ニーズに合った事業所を選択するよう勧めてください。

　2024年の児童福祉法の改正により、より専門性の高い支援者が増え、より重度障害をもった子どもを支援し、より共働き家庭にも対応できるよう長く預かれるようになっていきそうです。

 POINT!

○子どもが就学前の場合は「児童発達支援センター」「児童発達支援事業所」のどちらかを、子どもが就学してから高校卒業の年齢の場合は「放課後等デイサービス」を利用することができます

2-5 個別支援計画とは何か？

個別支援計画によって、専門的な支援機関がどのような目標・方針で子どもに関わっているのかがわかります。

● 個別支援計画の内容は？

　専門的な支援機関につながったあと、学校や医療機関などの機関が同じ方針をもって関わることが子どもの成長発達に欠かせません。専門的な支援機関が、**どのような目標・方針で子どもに関わっているのか**を知ることができるのが「**個別支援計画**」です。

　児童発達支援事業所や放課後等デイサービスなどに通うと、各事業所で「個別支援計画」という書類が作成されます。これは、**障害児童の能力や環境、日常生活全般の状況などを評価し、養育者や障害児が希望する生活や課題を把握して、発達を支援するうえでの適切な支援内容（「健康・生活」「運動・感覚」「認知・行動」「言語・コミュニケーション」「人間関係・社会性」の5領域を含める）を検討して作成されます**。

● 養育者・子どもと面談し、必要なら計画を変更する

　まず、支援目標や達成時期、課題、具体的な支援内容などが記入されて個別支援計画の原案ができます。さらに、事業所内で子どもに関わる支援者や管理者が集まって「担当者会議」を開き、その内容でよいのかが検討され、養育者や子どもの同意を得て完成となります。

　この個別支援計画に基づいて事業所での日々の支援がなされます。その後、**少なくとも6か月に1回以上、養育者と子どもに面談を通じてモニタリング（計画の実施状況の把握）を行い、必要に応じて計画の変更を行います**。つまり、個別支援計画には子どもや養育者がどのような希望をもっているか、それに基づいて専門的な支援機関がどのような支援方針を立てているかが記載されています。

　また、個別支援計画は利用期間が長くなると、その分、記録が増えて

個別支援計画の例

利用者名 _____　　　作成年月日：　　年　　月　　日

○到達目標

長期（内容・期日等）	
短期（内容・期日等）	

○具体的な到達目標および支援計画等

項目	具体的な達成目標	支援内容（内容・留意点）	支援機関（頻度・時間・期間等）	サービス提供機関（提供者・担当者等）	優先順位

総合的な支援方針

　　年　　月　　日　利用者氏名 _____　印　　児童発達支援管理責任者 _____　印

参考：https://slidesplayer.net/slide/14040909/

いくはずです。その記録の経過をたどれば、その子どもがどのような支援を受けてきて、どのような成長発達を遂げてきたのかがわかります。

　これを**子どもに関わるすべての機関が共有することで、子どもの支援方針に一貫性がもてます。**

　「専門的な支援機関にこの部分は任せて、学校ではあの部分を担おう」「ここはうまくいっているから家庭の支援でも活かそう」など、各支援者が何をすればよいのかも見えてくるはずです。

　発達障害をもつ子どもの場合、発達の凸凹が大きいため、「どの力がいつごろ伸びてきたのか」などの情報は非常に重要となります。個別支援計画が作成されている子どもに関わる支援者は、保護者を通じてその支援計画の内容を確認しましょう。

引用：放課後等デイサービスガイドライン（令和6年7月）
https://www.cfa.go.jp/assets/contents/node/basic_page/field_ref_resources/32675809-3f98-486b-9c03-efc695ede0bb/842aaa30/20240710_policies_shougaijishien_shisaku_10.pdf

　各支援者からの情報が支援計画を立てるときに役立つこともあります。子どもの状況の情報交換をし合える関係になるために、保護者を通じて支援者同士の存在を認知しておくとよいでしょう。

POINT!

- 個別支援計画は子どもや養育者の希望に基づき専門的な支援機関が立てる支援方針です
- 子どもの成長発達が記録されているため、子どもに関わるすべての機関が共有することが大切です

送迎をしてほしいとき
〜ガイドヘルパーの利用〜

> ガイドヘルパーには「移動支援」と「行動援護」があります。

● ガイドヘルパーは子どもの自立にもつながる

　発達障害をもつ子どもは、新しい場所に行くのが苦手だったり、道中に不測の事態が起こるとパニックになってしまったりします。また、集団登校が苦手な子も多いでしょう。

　そのため、子どもが慣れるまで養育者が学校や事業所などへの送迎をすべて担うことも多くありますが、それが養育者の負担となり「誰か代わりに送迎をしてほしい…」と思われることもあります。

　そうした相談があった場合に活用してほしいのが「**移動介護従事者（ガイドヘルパー）**」です。ガイドヘルパーは、**小学１年生以上の社会生活上、必要不可欠な外出および余暇活動等の社会参加のための外出の際の移動**を支援してくれます。具体的には、公園に行くときなどにガイドヘルパーがつき添ってくれます。

　ガイドヘルパーは、あくまで当事者の子どもの外出の支援をするためのものですので、「移動訓練」など専門的な支援をしてもらえるわけではありません。しかし、養育者以外の人と外出する練習になったり、自分で出かける練習にもなります。**養育者の負担軽減だけでなく、子どもの自立にもつながります。**

● ガイドヘルパーの利用方法

　ガイドヘルパーは、障害者総合支援法に規定されており、**障害があり、市町村から外出時に移動の支援が必要**と認められた者が利用することができます。

　支援が必要と認められるためには、市町村役場の窓口に行き、利用申請を提出します。利用する曜日や時間帯は比較的自由に選ぶことができ、

▷ ガイドヘルパーの利用可否 ◁

(ガイドヘルパーを利用できるとき)

- 余暇活動（公園、スポーツ施設、動物園、映画、コンサートなど）に行く場合
- 保護者の疾病、入院、冠婚葬祭等により一時的に通学時の送迎が困難となった場合
- 通学ルートを覚えるまで一時的に利用する場合

〈自治体によって利用制限があるもの〉
- 1人での通学が困難な場合
- 日中活動系サービス事業所、児童通所施設等へ通所する場合

(ガイドヘルパーを利用できないとき)

- 選挙運動や布教活動
- 塾や習い事に行く場合
- 宿泊をともなう場合（居宅介護制度が適応されるもの）
- 通院
- 公共機関などで手続きを行う場合
- 日常的な食材等の買い物

利用は1年ごとに更新が必要です。

● ガイドヘルパーの利用料など

　知的障害・精神障害者を対象としたガイドヘルパーは「**行動援護従業者**」と呼ばれます。移動支援には、①個別支援型、②グループ支援型、③車両移送型の3つの方法がありますが、行動援護は①個別支援のみです（次ページ表を参照）。また、行動援護は、介護給付のため、障害支援区分認定調査を受けなければなりません（4-7参照）。

　利用料は自治体によって異なるため問い合わせが必要ですが、利用額の上限が設定されています。

移動の際の当事者とガイドヘルパーの交通費や施設への入場料が利用者負担になります。しかし、障害者手帳の等級によっては当事者の料金や介助者の料金も割引になります。

■移動支援の方法

①個別支援型	徒歩や公共交通機関で移動。マンツーマン対応
②グループ支援型	同じイベントに参加するなどの場合に、複数の利用者に対してガイドヘルパーが1名の対応
③車両移送型	障害者の利用頻度が高い場所を車両で巡回

■移動支援と行動援護の内容

	移動支援	行動援護
目的	円滑に外出できるよう、移動を支援	危険を回避するために必要な支援、外出支援
実施主体	市町村(市町村で基準が異なる)	国(全国同じ基準)
対象	屋外で移動することに制限のある障害者	障害支援区分が3以上の知的障害・精神障害者(18歳未満の場合には区分必要ナシ) 障害支援区分の調査項目のうち行動関連の合計点数が10点以上
ガイドヘルパーの専門性	障害者全般についての研修、経験を積んでいる	発達障害や知的障害についての研修、経験を積んでいる
障害者手帳	不要	不要
法的な位置づけ	地域生活支援事業	介護給付

- 子どもの外出を支援するガイドヘルパーは、養育者の負担軽減以外にも子どもの自立にもつながります
- 支援には移動支援と行動援護があり、移動支援には3つの方法があります

2-7 集団保育がむずかしいとき
〜加配保育士の利用〜

> 加配保育士は障害児に個別に対応してくれるため、子どもを危険から守ってくれたり、保育園での生活などをサポートしてくれます。

● 加配保育士の利用

　子どもを保育園に預ける際に、発達障害の子どもの養育者から「集団のなかでうまくやっていけるか心配」という声も多く聞きます。また、せっかく保育園に入れたのに園から「ほかのところに行ってもらったほうが…」などと言われる養育者もいます。

　しかし、どのような子どもでも保育を受ける権利はありますし、養育者も保育園に預ける権利があります。

　そうした心配をもつ養育者の方にお伝えしたい制度が、障害児を個別に対応してくれる「**加配保育士**」です。これは、国からの経費補助（療育支援加算、障害児保育加算）が園に支給されることで保育士を雇用する制度です。

　加配保育士をお願いしたい場合には、**入園前に保育園を担当している市町村役場の窓口で、「加配保育士をお願いしたい」と伝えることが重要**です。

　ただ残念ながら、窓口で「障害児の施設に行ったほうがよいのでは？」「お母さんと一緒のほうがいいと思う」など心ない言葉をかけられる場合もあります。そのようなときに、**どのように返答するかを事前に養育者と相談しておくことや、心ない言葉で傷ついた養育者のケア**も支援者の重要な役割です。

● 加配保育士の配置の現状

　「どのような障害児に加配保育士をつけるか」についてみずほ情報総研が行った調査（平成29年3月「保育所における障害児保育に関する

	療育支援加算と障害児保育加算	
療育支援加算	クラス担任をする保育士が担任業務に専念できるようにするための保育士を配置するときの経費
障害児保育加算	障害児を受け入れる特定地域型保育事業所（居宅訪問型保育を行う事業所を除く。）において、障害児2人につき、保育士1人を配置するために必要な経費を負担するもの

研究報告書」）によると、障害の程度を問わず一律の配置基準を設けている市区町村は全体の3割弱、障害の程度により基準が異なる市区町村は2割強でした。さらに、「具体的な基準はない」とした市区町村が最も多く、全体の4割強を占めています。

　加配保育士の配置も明確に規定されておらず、「障害児1名に対して加配保育士1名」のところもあれば、「障害児3名に対して加配保育士1名」のところもあります。公立保育園は、障害児の受け入れがしやすいことも示唆されています。

● 加配保育士と養育者の関係づくりをサポート

　加配保育士は保育士免許をもっていればなれるため、障害に対する専門的な知識をもっているとは限りません。

　日ごろから連絡帳や送迎のときなどを通じて、**加配保育士と養育者が信頼関係を築き、子どもについて相談し合える関係づくりをサポートする必要があります。**

　なお、保育園側から養育者に加配保育士を提案されることがあり、養

育者が「自分の子どもはそんなに大変なのか」とショックを受けることもあります。

　加配保育士は障害児を個別に対応してくれるため、**子どもを危険から守ってくれますし、保育園での生活やお友達との関係がスムーズになるようサポートしてくれます**。子どもにはメリットしかありません。あえてデメリットを挙げるとすれば、子どもと加配保育士の相性が合わない場合があるということです。

　養育者がショックを受けた理由を丁寧に聞いたうえで、加配保育士の役割を伝えてみてください。また、加配保育士の確保がむずかしい場合には、児童発達支援（47P）を利用するのも1つの方法です。

- 発達障害の子どもの支援者にとって、加配保育士と養育者が信頼関係を築けるようサポートすることが大切です
- 保育園からの提案でショックを受けた養育者には、話をしっかり聞いたうえで加配保育士のメリットや役割を丁寧に伝えましょう

子ども編

第 3 章

障害の有無に関係なく
使えるサービス

この章では、障害の有無にかかわらず利用できる子
どものサービス（利用者支援事業、養育支援訪問事
業、子育て短期支援事業など）、特別支援教育や就
学先の決定の流れなどを解説します。

子育てを支える制度の概要

> 子ども・子育て支援新制度は、子どもの障害の有無にかかわらずに利用できる制度です。

● 子ども・子育て支援新制度とは？

　障害の有無にかかわらず、子育ては本当に大変です。そのため、国は子育てをサポートするための法律を制定しました（「子ども・子育て支援法」「認定こども園法の一部改正」「子ども・子育て支援法及び認定こども園法の一部改正法の施行に伴う関係法律の整備等に関する法律」）。

　これらの法律に基づき、「**子ども・子育て支援新制度**」が実施されています。この制度は発達障害の診断がつかなくてももちろん利用できますので、子育てに困っている養育者の方にぜひお伝えいただきたい情報です。

　子ども・子育て支援新制度には、地域の実情に応じた支援策として「**地域子ども・子育て支援事業**」があります。地域子ども・子育て支援事業には14の事業があります。これらのうち、特に発達障害をもつ子どもの養育者の方に知っておいてほしいものが、①、②、⑤、⑦、⑧、⑪の事業です。これらは次項から詳しく説明していきます。

　なお、一般向けに作られたこの制度のパンフレット「子ども・子育て支援新制度 なるほどBOOK（平成28年4月改訂版）」が内閣府のホームページにアップされており、自由にダウンロードすることができます。

＊内閣府「子ども・子育て支援新制度 なるほどBOOK（平成28年4月改訂版）」
https://warp.da.ndl.go.jp/info:ndljp/pid/12772297/www8.cao.go.jp/shoushi/shinseido/event/publicity/naruhodo_book_2804.html

- 子育てに困っている養育者の方に、「子ども・子育て支援新制度」で利用できるサービスを伝えましょう

地域子ども・子育て支援事業（抜粋）

1　利用者支援事業

教育・保育施設や地域の子育て支援事業等の利用についての情報提供と、それらの利用にあたっての相談に応じ、必要な助言を行い、関係機関等との連絡調整等を実施する。

2　地域子育て支援拠点事業

地域の子育て中の親子の交流促進や育児相談等を行う。

5　養育支援訪問事業

保護者の養育を支援することが特に必要と判断される家庭に対して、保健師・助産師・保育士等が居宅を訪問し、養育に関する相談支援や育児・家事援助などを行う。

7　子育て短期支援事業

一定の事由により児童の養育が一時的に困難となった場合に、児童を児童養護施設等で預かる。

8　子育て援助活動支援（ファミリー・サポート・センター）事業

児童の預かり等の援助を受けることを希望する者と当該援助を行うことを希望する者との相互援助活動に関する連絡、調整を行う。

11　病児保育事業

病気の児童について、病院・保育所等に付設された専用スペース等において、看護師等が一時的に保育等を行う。

参考：こども家庭庁「こども・子育て支援」https://www.cfa.go.jp/policies/kosodateshien

3-2 子どもの相談の中心である「利用者支援事業」

> 利用者支援事業には3つの事業類型があり、子育てに関する困りごとに合った施設や事業を無料で紹介してくれます。

　「子育てを助けてほしい」と思った養育者を支援する事業や機関は多くあります。しかし、逆に多くあるからこそどこに行けばよいかわからないという事態が生じます。

　そうしたときに中心となるのが**利用者支援事業**です。この事業では、教育・保育施設や地域子育て支援事業等の利用にあたっての「情報集約・提供」「相談」「利用支援・援助」を行う**利用支援**、子育て支援などの関係機関との**連絡調整**、連携・協働の体制づくりを行う**地域連携**をしてくれます。それぞれの困りごとに合った施設や事業を無料で紹介してくれる場所だと思ってください。各事業所や施設の支援者とも連携をとってくれます。

　なお、利用者支援事業には「基本型」「特定型」「こども家庭センター型」の3つ事業類型があり、それぞれの窓口や事業内容は異なります。

　「基本型」は、実務経験と研修を修了した者が配置され、地域子育て支援拠点（3-3）など利用者の身近な場所で実施されています。子育ての日常的な相談にのってくれる「利用者支援」と、子育て資源の開発や関係機関との連絡調整を行う「地域連携」の2つの役割があります。

　「特定型」は、専任職員が配置され（資格の規定は特にない）、市町村役場の窓口で実施されています。「保育コンシェルジュ」ともいわれるサービスで、保育所や保育サービスについての情報提供や利用に向けての支援が行われます。

　「こども家庭センター型（2-3）」は、保健師や助産師など母子保健に関する専門職が配置され、こども家庭センターなどで実施されています。妊娠期から子育て期までの母子保健に関する相談にのり、必要なサービスの情報提供を行ったり、支援プランを策定したりします。

■利用者支援事業の3つの事業類型

事業類型	基本型	特定型	こども家庭センター型
窓口	地域子育て支援拠点等、親子が継続的に利用できる施設を活用	主に市区町村役場の窓口	主にこども家庭センター等
内容	親子が継続的に利用できる施設を活用し、「利用者支援」と「地域連携」の2つの柱で構成されている	子育て家庭等から保育サービスに関する相談に応じ、地域における保育所や各種の保育サービスに関する情報提供や利用に向けての支援などを行う	妊娠期から子育て期にわたるまでの母子保健や育児に関する妊産婦等からのさまざまな相談に応じ、その状況を継続的に把握し、支援を必要とする者が利用できる母子保健サービス等の情報提供を行うとともに関係機関と協力して支援プランの策定などを行う
職員配置	子ども・子育て支援に関する事業（地域子育て支援拠点事業など）の一定の実務経験を有する者で、子育て支援員基本研修および専門研修（地域子育て支援コース）の「利用者支援事業（基本型）」の研修を修了した者等	専任職員（利用者支援専門員）を1名以上配置	母子保健に関する専門知識を有する保健師、主に児童福祉（虐待対応を含む）の相談等を担当する家庭支援員等、統括支援員など

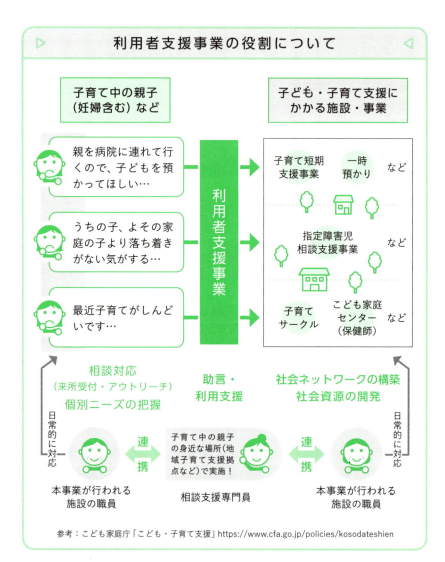

POINT!

○子どもの相談の中心となる利用者支援事業は、養育者が教育・保育施設などを利用するにあたっての利用支援・連絡調整・地域連携を行ってくれます

3-3 子育て中の親子と交流がしたい
～地域子育て支援拠点事業～

> 乳幼児をもつ養育者が利用していることが多い「地域子育て支援拠点事業」は、親子の交流の場の中心となります。

● 地域子育て支援拠点事業の特徴

　子育て支援をするうえで一番重要な視点は、**養育者を孤立させないこと**です。養育者の孤立は、子育ての負担感を増幅します。

　特に発達障害の子どもの養育者は、子育てで「ほかの子どもと違う」と感じ、養育者同士のネットワークから離れてしまいがちです。すると、育児の悩みや不安を1人で抱え込み、必要な情報からも遠ざかってしまいます。そうならないようにこの項目を活用してほしいと思います。

　親子の交流の場の中心となるのが「**地域子育て支援拠点事業**」です。これは中学校区に1か所は設置することが目標となっており、身近な交流・相談の場となっています。

　親子であれば誰でも利用できますが、**乳幼児をもつ養育者が利用していることが多く、特に幼稚園に入園する前の年齢の子どもをもつ養育者の利用におすすめ**です。

　フリースペースを設けているところが多く、そこでは平日の日中に子どもを連れて遊びに行くことができ、居合わせた親子と交流することができます。また、他の親子との交流目的や育児についての知識を教えてもらえる講習会やサークルなども実施されています。

　さらに、保育園が園庭を開放する日を設けていることもあり、保育園入園前に保育園に慣れるために使うこともできます（過ごし方や対応する職員は入園後とは異なります）。実施内容の詳細は各自治体にお問い合わせください。

　そして、地域子育て支援拠点事業は「一般型」と「連携型」にわかれています。どちらも子育て親子の交流の場の提供や育児相談などの機能をもっていますが、実施場所やスタッフに違いがあります。

■地域子育て支援拠点事業の「一般型」と「連携型」

	一般型	連携型
機能	常設の地域の子育て拠点を設けて、 • 子育て親子の交流の場の提供 • 育児の相談・援助、講習等 • 育児に役立つ情報のお知らせ	児童福祉施設等多様な子育て支援に関する施設に親子が集う場を設けて、 • 子育て親子の交流およびつどいの場の提供 • 子育てについての相談、助言その他の援助 • 育児に役立つ情報のお知らせ
従事者	子育て支援に関して意欲があり、子育てに関する知識・経験をもつ者（2名以上）	子育て支援に関して意欲があり、子育てに関する知識・経験をもつ者（1名以上）に児童福祉施設等の職員が協力して実施
実施場所	保育所、公共施設空きスペース、商店街空き店舗、民家、マンション・アパートの一室等を活用	児童福祉施設等

参考：厚生労働省「子ども・子育て支援　地域子育て支援拠点事業」
https://www.mhlw.go.jp/bunya/kodomo/dl/kosodate_sien.pdf

　一般型のほうが身近な場所で実施されているため実施数が多く、スタッフは「先輩お母さん」がメインです。連携型は数が限られていますが、先輩お母さんに加えて児童福祉施設職員などの専門職が在籍しています。

　養育者が行きやすい場所や行きたいと思う講習やサークルがあるところを探すようにしてください。

○地域子育て支援拠点事業は身近な交流・相談の場であり、「一般型」と「連携型」とにわかれています

3-4 養育の指導をしてほしい
〜養育支援訪問事業〜

> 養育支援訪問事業では専門職などが養育者の家庭を訪問し、専門的な支援を行います。

● 養育支援訪問事業とは？

　支援者が関わるなかで、養育に心配があると思われたときに活用してほしいのが「**養育支援訪問事業**」です。これは、養育支援が特に必要と認められた場合に適応されます。

　養育支援訪問事業の「**専門的相談支援**」では、保健師、助産師、看護師、保育士、児童指導員等が、「**育児・家事援助**」では、子育てOB（経験者）、ヘルパー等が家庭訪問をして実施します。

　短期的に（見守りが必要と判断された場合には中期的に）適切な養育が行われるよう、**専門的支援が無料で行われる点が特徴**です。

● 予兆に気づいた際には情報を提供する

　この事業は、乳児家庭全戸訪問事業（こんにちは赤ちゃん事業）の実施結果や乳幼児健診などの母子保健事業からつながることが多いです。ただ、関係機関からの情報提供によって家庭の状況が把握されたり、家庭が支援を希望したりすることで適応となることもあります。

　発達障害児のなかでも、自閉スペクトラム症を抱えている子どもの母親は、うつ病の罹患率が高いという研究結果が多くあり、また虐待のリスクも高くなります。さらには養育者自身に障害があり、養育が困難ということもあるでしょう。

　そうした予兆に気づいた支援者は、**実施主体である中核機関に情報提供を行うよう心がけてください**。中核機関は市町村ごとに決められ、**市町村役場の児童福祉課などが担っていることが多い**です。

　また、中核機関は、3-9で詳しく説明する「子どもを守る地域ネットワーク（要保護児童対策地域協議会）」とも連携をとっています。

養育支援訪問事業の支援内容の例

1 妊娠期からの継続的な支援を特に必要とする家庭等に対する安定した妊娠、出産および育児を迎えるための相談および支援

2 出産後間もない時期の養育者に対する育児不安の解消、養育技術の提供等のための相談および支援

3 不適切な養育状態にある家庭等、虐待のおそれのある家庭に対する養育環境の改善、児童の発達保障等のための相談および支援

4 児童養護施設等から退所し、または里親の委託が終了したことにより児童が復帰したあとの家庭に対し、当該家庭への復帰が適切に行われるための相談および支援

5 その他市長が必要があると認める相談および支援

参考：京田辺市養育支援訪問事業実施要綱
https://www.city.kyotanabe.lg.jp/reiki/reiki_honbun/k113RG00001098.html

　具体的な支援内容は京田辺市（京都府）の実施要項を例として挙げましたが、自治体によって支援内容は若干異なります。具体的な支援内容などは中核機関にお問い合わせください。

POINT!

○養育支援訪問事業は、養育支援が特に必要と思われた家庭を訪問して行われる専門的な支援です
○養育者の予兆に気づいた支援者は、実施主体である中核機関に情報を提供するよう心がけましょう

3-5 少しの間子どもを預かってほしい
～子育て短期支援事業～

> 子育て短期支援事業は、子どもが18歳になるまで利用できます。

🌱 子育て短期支援事業とは？

　養育者に冠婚葬祭や出張の予定が入ったり、病気になって子どもの養育がむずかしい場合があります。発達障害をもつ子どもの場合、その特性から専門的な関わりが必要であり、ご近所さんに預けることをためらう養育者も多いのではないでしょうか。

　そうしたときに利用できるのが「**子育て短期支援事業**」で、**子どもが18歳になるまで利用できます**。

　子育て短期支援事業には、夜間や休日など保育園などが閉まっている時間帯に短時間利用する「**夜間養護等（トワイライトステイ）事業**」と、必要に応じて数日間利用する「**短期入所生活援助（ショートステイ）事業**」とがあります。

　ショートステイでは、**育児不安や育児疲れなどを理由に利用することができます**。3連休以上の大型連休の際に、1泊2日だけショートステイを利用するという方もいました。

　エネルギッシュなADHDのお子さんや、こだわりの強い自閉スペクトラム症のお子さんなど、養育に多くのエネルギーを要する子どもと長時間一緒にいると、養育者が疲弊してしまうことがあります。

　そうしたときにも、無理せずこうした制度を利用することをぜひすすめてください。実際に利用しなくても、「いざというときに預けられる場所がある」という情報を伝えるだけでも養育者の安心感につながります。

　2024年4月から、保護者と子どもが一緒に利用したり、子ども自身の希望でも利用できるようになりました。

■子育て短期支援事業の種類と内容

	短期入所生活援助 （ショートステイ） 事業	夜間養護等 （トワイライトステイ） 事業
期間	原則1カ月に7日以内（6泊7日）：必要に応じて延長可	平日の夜間または休日
対象者	次の事由に該当する家庭の子どもまたは母子等 • こどもの保護者の疾病、育児疲れ等、身体上又は精神上の事由 • 出産、看護、事故など家庭養育上の事由 • 冠婚葬祭、出張や公的行事への参加など社会的な事由 • 養育環境等に課題があり、児童自身が一時的に保護者と離れることを希望する場合 • 保護者が児童と一緒にレスパイト・ケアや、児童との関わり方、養育方法等について、親子での利用が必要である場合 • 経済的問題等により緊急一時的に親子の保護が必要な場合	• 保護者の仕事等の理由により、平日の夜間又は休日に不在となる家庭の児童及び養育環境等に課題があり、一時的に保護者と離れることを希望する児童 • 保護者が児童と一緒にレスパイト・ケアや、児童との関わり方、養育方法等について、親子での利用が必要である場合
場所	児童養護施設、母子生活支援施設、乳児院など	児童養護施設、母子生活支援施設、乳児院など

参考：こども家庭庁「子育て短期支援事業について」
https://www.cfa.go.jp/policies/kosodateshien/jido-short

● 子育て短期支援事業の利用料金

　利用料金は自治体によって異なります。また、世帯収入によって減免や免除が適応されたり、子どもの年齢やひとり親家庭によって利用料が異なる自治体もあります。さらに、学校や自宅から宿泊する施設までの送迎を別途料金で請け負うところもあります。

　詳しくは市町村役場の窓口にお問い合わせください。利用の流れは次ページの通りです。

　子育て短期支援事業は、児童福祉法に定められている施設（3-8）での預かりとなるため、入浴や排せつに介護が必要な場合など、障害のサポートが施設で対応できない場合には断られることもあります。その場合には、障害者総合支援法の介護給付に定められている「短期入所（シ

子育て短期支援事業の利用の流れ

問い合わせ・相談
▼
利用要件の確認
▼
利用申請・書類提出（利用可能な場合）
▼
利用決定
▼
施設利用
▼
施設へ利用料支払い（負担金がある方）
▼
利用報告書提出

引用：茨木市 HP「子育て短期支援事業 ショートステイ ご利用の流れ」
https://www.city.ibaraki.osaka.jp/kikou/kodomoikusei/kosodate/menu/kosodateshiensogo/jigyoannai/kosodate_tanki.html

ョートステイ）」を活用します。

　また医療的ケアが必要となる場合には、医療機関で短期入所する「医療型短期入所（ショートステイ）」を使うことができます。

 POINT!

○短期支援事業には「夜間養護等（トワイライトステイ）事業」と「短期入所生活援助（ショートステイ）事業」があります
○実際には利用しなくても、「預け先がある」という情報を伝えると養育者の安心感につながります

3-6 少しの間、子どもを見てほしい
～子育て援助活動支援事業～

小学生までの子どもの場合、ファミリー・サポート・センター事業を利用することで有償ボランティアに一時的に預かってもらえます。

🟢 ファミリー・サポート・センター事業とは?

前項では、子どもを短期間施設で預かってくれる場所を紹介しましたが、もう少し気軽に利用できるものとして「**子育て援助活動支援事業（ファミリー・サポート・センター事業）**」があります。この事業は子育ての「相互援助活動」になります。

利用は**小学生までの子ども**と年齢は限られていますが、

- 保育園の送迎に間に合わないから代わりに迎えに行ってほしい
- 買い物をしている間だけ子どもを見ておいてほしい
- 兄弟姉妹の参観に行っている間だけ見ておいてほしい

といった場合に利用することができます。

実家が遠方であるなど、身近に頼める人がいないケースでは心強い制度です。自治体によっても多少異なりますが、早朝から夜遅くまで利用可能なため、幅広く利用できます。

🟢 利用のしかた

この事業ではまず、「子どもを預かってほしい人（養育者）」と「預かりの援助を希望する人」とがそれぞれセンターに登録します。

養育者が子どもを預かってほしい場合には事前にセンターに連絡を入れ、対応してもらえる人を探してもらいます。そして対応してもらえる人が見つかれば、双方で直接連絡をとり合い、お願いしたい内容や注意事項などを伝えます。

参考：こども家庭庁「ファミリー・サポート・センター」
https://www.cfa.go.jp/policies/kosodateshien/family-support

■ 相互援助活動の例

- 保育施設等までの送迎を行う
- 保育施設の開始前や終了後または学校の放課後、子どもを預かる
- 保護者の病気や急用等の場合に子どもを預かる
- 冠婚葬祭や他の子どもの学校行事の際、子どもを預かる
- 買い物等外出の際、子どもを預かる
- 病児・病後児の預かり、早朝・夜間等の緊急預かり対応

参考：こども家庭庁「ファミリー・サポート・センター」
https://www.cfa.go.jp/policies/kosodateshien/family-support

利用料金と留意点

利用料金は自治体によって異なります。1時間あたりの単価が決められ、利用時間によって支払額が決まります。

たとえば、京都市の場合は平日7時〜19時で1時間あたり700円（上記以外は1時間あたり900円）、名古屋市の場合は平日7時〜19時で1時間あたり800円（上記以外は1時間あたり1,000円）などです。

ファミリー・サポート・センター事業は気軽に利用できる一方で、**利用料の減額や減免、上限がありません**。また、預かってくれる人は有償ボランティアであるため、**専門的な知識や経験があるわけではありません**。

そのため、特別な対応が必要な場合には利用がむずかしいこともあります。乳幼児であれば、保育所や幼稚園が行っている「**一時預かり事業**」を利用するのもよいでしょう。

なお、発達障害の子どもの場合、定期的に医療機関や相談機関に通うことがあるため、そうしたときに兄弟姉妹をファミリー・サポート・センター事業にお願いするのもよいでしょう。

- ファミリー・サポート・センター事業は、保育園の送迎などを有償ボランティアの方に依頼できるサービスです
- 特別な対応が必要な場合は利用がむずかしいこともあるため、乳幼児であれば「一時預かり事業」の利用などを検討しましょう

3-7 病気の子どもを預かってほしい
〜病児保育事業〜

病児保育事業は、子どもが熱を出したり、病気の場合に利用できます。

● 保育園は病気の子どもを預かってくれない

共働きやひとり親で、実家が遠方であったり疎遠というご家庭も少なくありません。子どものカゼで養育者が1日だけ休むのであれば仕事を調整してなんとかなることもあるでしょうが、インフルエンザで1週間…となればなかなか厳しい状況になります。

保育園はカゼなど病気がある子どもを預かってはくれません。37.5度以上の熱があれば、どのような理由であれ預かることを拒否する保育園も多いでしょう（実は法的な根拠はありません）。

子どもが病気のとき本当はやさしくケアしてあげたいと思ってもこうした状況におかれるとイライラし、子どもにきつくあたってしまう養育者もいます。

● 病児保育事業とは？

そうしたときにぜひ活用してほしいのが「**病児保育事業**」です。病児保育事業は、**看護師がいる場所で子どもを預かったり、看護師等が家庭訪問をしたりして、子どもを見守ります**。

この事業には、病院・保育所等で一時的に保育する「**病児対応型・病後児対応型**」、保育中の体調不良の子どもを一時的に預かったりする「**体調不良児対応型**」、看護師などが養育者の自宅へ訪問して一時的に保育する「**非施設型（訪問型）**」があります。

ただし、病児保育事業は全国的に数が非常に少なく、圧倒的に足りていないのが現状です。それでも、地域のなかに病児・病後児保育をしてくれる場所があるかどうか、**保健センターや市町村役場（保育園を管轄**

病児保育事業の種類

	病児対応型・病後児対応型	体調不良児対応型	非施設型（訪問型）
事業内容	地域の病児・病後児について、病院・保育所等に付設された専用スペース等において看護師等が一時的に保育する事業	保育中の体調不良児を一時的に預かるほか、保育所入所児に対する保健的な対応や地域の子育て家庭や妊産婦等に対する相談支援を実施する事業	地域の病児・病後児について、看護師等が保護者の自宅へ訪問し、一時的に保育する事業 ※平成23年度から実施
対象児童	当面症状の急変は認められないが、病気の回復期に至っていないことから（病後児の場合は、病気の回復期であり）、集団保育が困難であり、かつ保護者の勤務等の都合により家庭で保育を行うことが困難な児童であって、市町村が必要と認めたおおむね10歳未満の児童	事業実施保育所に通所しており、保育中に微熱を出すなど体調不良となった児童であって、保護者が迎えに来るまでの間、緊急的な対応を必要とする児童	病児および病後児

する課）に問い合わせをして確認しておくとよいでしょう。

● 利用の流れ

　利用の流れは次ページの図をご覧ください。**重要なのは、利用するかどうかわからないときでも事前に登録を済ませておく必要がある**ということです。

　利用料金は各自治体によって異なり、また世帯年収によっては減額などもあります。たとえば、京都市の場合は2,000円（食事代等別途必要。所得によって減額制度あり）となっています。各自治体の保育園などを管轄する窓口にお問い合わせください。

病児保育の利用手続き（標準的な流れ）

主な条件
- 住所が〇〇市であること
- 入院の必要がないこと
- 小学〇年生までの子どもであること（自治体によって異なる）
- 家庭での保育が困難であること

① 利用登録（事前に市区町村役場に申請）

② 子どもの発病（発症）

③ 登録した施設に「仮予約」の連絡

④ かかりつけ医を受診　※医師連絡票への主治医の署名

入院の必要がないと判断した場合　／　急性期の場合等

⑤ 仮予約した施設に「本予約」の連絡　／　入院または自宅待機

⑥ 病児保育の利用　※医師連絡票を持参

体調悪化等により

⑦ 病児保育の終了　／　受診または自宅療養

⑧ お迎え（利用料金支払い）

※山梨県HPをもとに作成
https://www.pref.yamanashi.jp/kosodate/byoujihoiku_system2.html

第3章　子ども編　障害の有無に関係なく使えるサービス

POINT!

○保育園は病気のある子どもを預かってくれないため、子どもがカゼや病気の場合、看護師等による支援を受けられる病児保育事業を利用しましょう

3-8 児童福祉法で定められている入所施設の特徴

> 子どもがいざというときに一時的に家庭を離れて生活をする施設は、児童福祉法に規定されています。

　これまでも述べてきたように、発達障害をもつ子どもの養育者はうつ病の罹患率が高くなり、虐待をしてしまうリスクが高くなります。さらに、非行少年のなかに発達障害を抱える子も多くいるとされています。

　そのため、**いざというときには、子どもが一時的に家庭を離れて生活をするという選択肢もあること**を頭に入れておく必要があります。

　子どもが家庭を離れて暮らす施設は、児童福祉法に多く規定されています。ここでは発達障害児が利用する可能性が高いものを紹介します。

　なお、児童心理治療施設（旧：情緒障害児短期治療施設）のみ、情緒障害（情緒の現われ方が偏っていたり、その現われ方が激しかったりする状態を自分の意思ではコントロールできない）の診断が必要ですが、そのほかは障害の有無は関係ありません。

● 母子生活支援施設の特徴

　「**母子生活支援施設**」は、配偶者がいない、またはこれに準ずる女性とその子どもを入所させて保護し、母子の自立促進のために生活を支援します。離婚して十分な収入がないなど、経済的に苦しい母子が入所するための施設ですが、近年では、DVの避難先として利用されることが多くなっています。子どもは「18歳未満」が対象です。

● 児童自立支援施設の特徴

　「**児童自立支援施設**」では、不良行為をしたか、するおそれのある子どもや、家庭環境その他の環境上の理由により生活指導等を要する子どもが入所して必要な指導を行います。自立を支援し、退所した子に対しても相談や援助を行います。

非行少年が家庭裁判所の審判の結果、この施設に入ることも多くあります。施設内に分校・分教室があり、その学校に通う場合もあります。

児童養護施設の特徴

　「**児童養護施設**」は、保護者がいない子ども、虐待されている子どもその他環境上養護を要する子どもを入所させて養護します。退所した子どもに対する相談その他の自立のための援助も行います。

　2024年4月より、退所年齢が撤廃され、子どもの成長や進路に合わせた自立支援を行うことが可能となりました。

乳児院の特徴

　「**乳児院**」は、乳児（保健上、安定した生活環境の確保その他の理由により特に必要のある場合には幼児を含む）を入院させて養育します。退院した子どもについて相談その他の援助を行います。年齢が上がると乳児院から上記の児童養護施設に移ります。

児童心理治療施設の特徴

　「**児童心理治療施設**」は、家庭環境や学校での友達環境、その他の環境上の理由で社会生活への適応が困難となった子どもを短期間入所させ、または保護者のもとから通わせて社会生活に適応するために必要な心理に関する治療と生活指導を主に行います。退所した子どもにも相談その他の援助を行います。

　対象は、場面緘黙（かんもく）、チック、不登校、集団不適応、ADHDや自閉スペクトラム症の子どもなどです。家族療法や親子レクリエーションなど家族全体のサポートも行っています。

- 児童福祉法に定められた施設は対象となる子どもの年齢などが異なるため、それぞれの特徴を押さえましょう

3-9 子どもを守る地域ネットワークの特徴

虐待を受けている子どもなどを早期に発見して保護を図るために、「要保護児童対策地域協議会（子どもを守る地域ネットワーク）」があります。

● 保護が必要な子どもを早期発見して適切な保護を図る

支援が必要な家庭には、**できるだけ早期に適切な介入をする必要があ**ります。

そこで、虐待を受けている子どもや非行児童などの「要保護児童等」を早期に発見して適切な保護を図るために、児童福祉法に「**要保護児童対策地域協議会（子どもを守る地域ネットワーク）**」が明記され、全市町村に設置されるようになりました。「要保護児童等」の内容は次ページ表を参照ください。

この地域ネットワークが設置されたのは、関係機関がその子ども等に関する情報や考え方を共有し、適切な連携のもとで対応していくことが重要とされたためです。

● 協議会の機関で子どもの情報を共有する

「要保護児童対策地域協議会」の構成員は、児童相談所や家庭児童相談室、保育所、児童館、民生委員などの「児童福祉関係」、市町村保健センターや保健所、医療機関などの「保健医療関係」、教育委員会や幼稚園、保育所、小学校、中学校などの「教育関係」、「警察・司法関係」、「人権擁護関係」などです。

本来、各機関で知り得た情報を保護者や本人の同意なく漏洩することは個人情報保護によって違法になります。

しかし、「要保護児童対策地域協議会」に参加する関係機関の間での情報交換は、児童福祉法第25条の2第2項の規定に基づくものであり、必要かつ社会通念上相当と認められる範囲で行われる限り正当な行為となります。

要保護児童等

「要保護児童等」の意味

要保護児童	保護者のない児童または保護者に監護させることが不適当であると認められる児童およびその保護者
要支援児童	保護者の養育を支援することが特に必要と認められる児童およびその保護者
特定妊婦	出産後の養育について出産前において支援を行うことが特に必要と認められる妊婦

要保護児童対策地域協議会に参加する関係機関

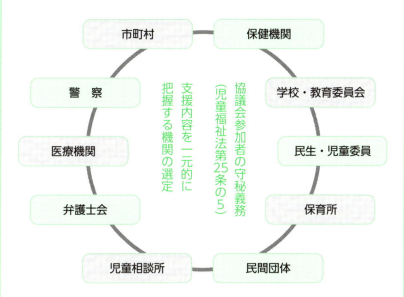

引用：こども家庭庁「要保護児童対策地域協議会（子どもを守る地域ネットワーク）スタートアップマニュアル」の公表について
https://www.cfa.go.jp/policies/jidougyakutai/startup-manual

つまり、要保護児童対策地域協議会に名前が挙がった家庭は、保護者の同意なく情報交換を行ってもいいことになります。

● 相談先

みなさんが関わっている家庭が「要保護児童等にあたるのでは」と思われた場合には、**家庭児童相談室や児童相談所に相談をしてみてください**。すると、要保護児童対策地域協議会の台帳にそのご家庭をのせるかどうかの検討会議が開かれます。

虐待通告があった場合には虐待かどうかの検討がなされ、「要保護支援等にあたる」と判断された場合には台帳にのることになります。

また、保護者の方に疾患や障害があり、子どもにも障害があるなどした場合には「虐待でなくとも支援が必要」と判断され、台帳にのることがあります。台帳にのらない結果になったとしても、その後も相談事案が続けば台帳にのることもあります。

台帳にのれば、関係機関とスムーズに情報共有をすることができ、複数の機関で家庭をサポートすることができます。

気をつけていただきたいのは、みなさんが関わっている家庭が**すでに要保護児童対策地域協議会の台帳に挙がっていないかどうか**ということです。

台帳にのっていれば、みなさんも関係機関・関係者として情報共有しなければなりません。台帳にのっているかは、**家庭児童相談室や児童相談所に問い合わせると確認できます**。

- 虐待や非行児童などには、できるだけ早期に適切な介入をする必要があります
- 気になる家庭がある場合は家庭児童相談室や児童相談所に相談し、要保護児童対策地域協議会の台帳にのせるか検討してもらいます

3-10 特別支援教育の内容

特別支援教育には、「特別支援学校」「特別支援学級」「通級指導教室（通級による指導）」の場があります。

● 特別支援教育の対象

「**特別支援教育**」という言葉は、発達障害をもつ子どもに関わっていると必ず耳にすると思います。

実際、発達障害をもつ子どもにとって特別支援教育の考え方は非常に重要で、彼らが適切に教育を受けるために必要不可欠なことです。支援者が特別支援教育について正しく知っておくことは必須といえるでしょう。文部科学省や学校教育法などによる「特別支援教育」の定義は次ページ表を参照ください。

これまで、特別支援学級（障害児学級）や特別支援学校（養護学校）に在籍する児童生徒に対しては手厚い支援がなされてきました。

しかし、文部科学省は「通常の学級に在籍するLD・ADHD・高機能自閉症等の児童生徒に対する指導および支援が喫緊の課題」[*]とし、**通常学級に在籍する発達障害児も特別支援教育の対象**としました。

さらには、LD・ADHD・自閉スペクトラム症の児童について、「障害に関する医学的診断の確定にこだわらず、常に教育的ニーズを把握しそれに対応した指導等を行う必要がある」[*]と、**診断の有無を必要としない方針**を打ち立てました。そのため本章で特別支援教育を取り上げています。

万一、学校から「診断がなければ対応できない」と言われるようなことがあれば、本項目を思い出し、正しい対応を訴えてほしいと思います。

[*]引用：文部科学省　第2章　特別支援教育の理念と基本的な考え方
https://www.mext.go.jp/b_menu/shingi/chukyo/chukyo0/toushin/attach/1396565.htm

■文部科学省の特別支援教育の定義

障害のある幼児児童生徒の自立や社会参加に向けた主体的な取組みを支援するという視点に立ち、幼児児童生徒1人ひとりの教育的ニーズを把握し、その持てる力を高め、生活や学習上の困難を改善または克服するため、適切な指導および必要な支援を行うもの

■学校教育法第81条第1項・2項

幼稚園、小学校、中学校、義務教育学校、高等学校および中等教育学校においては、次項各号のいずれかに該当する幼児、児童および生徒その他教育上特別の支援を必要とする幼児、児童および生徒に対し、文部科学大臣の定めるところにより、障害による学習上または生活上の困難を克服するための教育を行うものとする

2　小学校、中学校、義務教育学校、高等学校および中等教育学校には、次の各号のいずれかに該当する児童および生徒のために、特別支援学級を置くことができる。
　①知的障害者　②肢体不自由者　③身体虚弱者　④弱視者　⑤難聴者　⑥その他障害のある者で、特別支援学級において教育を行うことが適当なもの

■障害者基本法第16条第1項

国および地方公共団体は、障害者が、その年齢および能力に応じ、かつ、その特性を踏まえた十分な教育が受けられるようにするため、可能な限り障害者である児童および生徒が障害者でない児童および生徒と共に教育を受けられるよう配慮しつつ、教育の内容および方法の改善および充実を図る等必要な施策を講じなければならない

特別支援教育の3つの場

　こうした背景から、現在、特別な支援を必要とする児童生徒の学習の場として、「**特別支援学校**」「**特別支援学級**」「**通級指導教室（通級による指導）**」があります。**いずれも障害者手帳は必要ありません。特別支援学校のみ「障害の診断」が必要**です。

　特別支援学校や特別支援学級の大きな特徴は「**自立活動**」の授業があることです。授業の内容は、①健康の保持、②心理的な安定、③人間関係の形成、④環境の把握、⑤身体の動き、⑥コミュニケーションです。

特別支援学校の特徴

　「特別支援学校」（以下、「支援学校」）は、幼稚部から高等部まであります。知的障害をともなう発達障害児の場合で、他の子どもとの意思の疎通が困難であったり、日常生活のなかでひんぱんに援助が必要だったりする場合には、支援学校を選択してもよいでしょう。入学希望者は、事前に学校説明会に出ることを必須にしているところもあります。

> [特別支援学校の対象となる障害の種類]
> 視覚障害者、聴覚障害者、知的障害者、肢体不自由者または病弱者
> （身体虚弱者を含む）

特別支援学級の特徴

　「特別支援学級」（以下、「支援学級」）は、法令上では弱視者や身体虚弱者など6つに分けられており、在籍する子どもの障害によってクラス編成は異なります。入級にあたり診断を求められる地域もありますが、診断を必要とせず、「特別支援の一環として必要」と判断された場合に入級できる地域もあります。

　「支援学級」は、地元の小中学校のなかに設置されています。支援学級に在籍する子どもは通常学級のなかに「交流学級」をもち、この交流学

第3章　子ども編　障害の有無に関係なく使えるサービス

級で給食時間や休み時間、特定の教科などを過ごすこともできます。

　また、パニックを起こしたときなどの避難場所として支援学級を使う子どももいますし、交流学級で学ぶ時間に支援学級の先生にサポートをしてもらいながら授業を受けることもできます。

　これまで、支援学級に在籍していても、多くの時間を交流学級で過ごすなど、子どもに合わせた運用がなされていましたが、2022年4月に文科省が出した「特別支援学級及び通級による指導の適切な運用について（通知）」の中で、原則として週の授業時数の半分以上を目安として特別支援学級において授業を求めることが記載されました。これに対し2024年3月には大阪府弁護士会がこの部分を撤回するよう勧告していますが、文科省は撤回に応じない考えを示しています。「通知」は法的拘束力がないため、各自治体によって特別支援学級の運用が大きく異なりをみせています。

　支援学級に在籍している子どもは、支援学級独自の成績評価（5段階評価ではなく文章での評価）となるため、内申点が算出されず、**公立高校の受験がむずかしくなる場合があります。**

　ただし、地域によっては通常学級の子どもと同じ定期試験を受けることなどを条件に、通常学級の子どもと同じ成績評価を出してくれるところもあります。しかし、通常学級の子どもと同じ試験を受けることの負担の大きさなども検討する必要があります。**子どもの状態や進路に応じて学校と相談していくよう助言することが重要**です。

[**特別支援学級で対象となる障害の種類**]
知的障害者、肢体不自由者、病弱・身体虚弱者、弱視者、難聴者、言語障害者、自閉症・情緒障害者

● 通級指導教室（通級による指導）の特徴

　「通級指導教室（通級による指導）」は、**通常学級に在籍しながら、必要な時間だけ個別指導を受ける方法**です。通級で学べる時間は、「通常は

年間35単位時間から280単位時間で、学習障害者および注意欠陥多動性障害者については、年間10単位時間から280単位時間まで」*（1単位時間は45分又は50分）と規定されていますが、実際は週1単位時間（年間35単位時間）程度のところが多いです。

＊学校教育法施行規則の一部改正等について（通知）（平成18年3月31日付7文科初第1177号）

　学内に「通級指導教室」をもっている学校（通級指導教室設置校）もあれば、通級指導教室設置校に通わなければいけない学校もあります。通う場合には、保護者が送迎しなければならなかったり、自力で通う力が必要だったりなど、条件が課される場合もあります。

■ 特別支援学校と特別支援学級の違い

	特別支援学校	特別支援学級
特徴	• 1クラス最大6人 • 日常に必要なことが授業で練習できる • 知的障害児への教育課程が手厚い • 高等部では、障害に応じた職業教育が実施される	• 1クラス最大8人 • 知的障害をともなわない発達障害児は情緒学級に在籍する • 各教科等の授業時数は各学校で適切に定められる
メリット	• 特別支援教育の知識、経験をもった教員が多い • 特別支援教育に必要な用具、教材がそろっている • 個別の教育支援計画がしっかりしている • 生活スキル獲得の教育が手厚い	• 近所や園の友達と一緒 • 家から通いやすい • 健常児との交流が多い • 放課後遊びができる
デメリット	• 家から通いにくい（通学バス） • 近所や園の友達と離れる • 放課後遊びができない	• 特別支援教育の知識、経験がある教員が担当とは限らない • 特別支援教育に必要な用具、教材がそろっていないことがある
注意点	• 発達障害のみでは入学できない • 高等部進学時に手帳取得を求められることが多い（就職のため） • 高等部は高卒にならない（大学受験資格はあるが、障害雇用上は高卒扱いになることが多い）	• 中学校で内申点がつかず、公立高校への進学がむずかしい場合もある

第3章 子ども編　障害の有無に関係なく使えるサービス

> ### 特別な支援を必要とする児童生徒の学習の場

公立の小・中学校 〈交流および共同学習〉 **特別支援学校**

通常の学級
学習や生活するうえで必要な支援を行います。場合によっては、支援員が授業に入り子どもの学習支援を行います。

特別支援学級
1人ひとりの習熟度に合わせて、学習内容や方法を工夫し、少人数での学習を行います。

〈交流および共同学習〉

通級指導教室
通常の学級に在籍しながら、決まった時間だけ個別に指導を受ける学習形態です。

障害による学習上または生活上の困難を克服し、自立を図るために必要な知識・技能を習得できるように学習を進めます。

引用：愛知県 HP
https://apec.aichi-c.ed.jp/soudan/hiroba/shouchu/2018/new%20syouchuutop%20page31.html

　最近では、通級指導の担当教員が学校を巡回して指導する「巡回型」にしている地域も増えています。しかし、通級指導の担当教員が特別支援教育に精通しているかは学校によるというのが正直なところです。

[通級指導教室（通級による指導）で対象となる障害の種類]
言語障害者、自閉症者、情緒障害者、弱視者、難聴者、学習障害者、注意欠如多動性障害、肢体不自由者、病弱者および身体虚弱者

 **POINT!**

○「特別支援学校」「特別支援学級」「通級指導教室（通級による指導）」の特徴や違いをしっかりと把握しましょう

3-11 就学先の決定の流れ

支援学校、支援学級、通常学級への進学は就学・教育支援委員会により決まりますが、最終決定は本人や保護者の意思にそうものになります。

● 就学先の決まり方

小学校、中学校、高等学校それぞれに進学する際、「支援学校、支援学級、通常学級のうちどれに進学するのが適切なのか」を検討しなければなりません。

養育者にとってその選択は非常に大きな決断が必要で、そのサポート役として専門職を頼ることも少なくないでしょう。ここでは、そうした学校や学級の決定がどのようになされるのかをご説明します。

小学校に入学する際の就学決定の流れは次ページの表のとおりです。**年長の年の11月頃に「就学・教育支援委員会」が開かれ、そこで就学先が決まります。**

しかし、最終決定は本人や養育者の意思にそうものとなりますので、この委員会での決定が絶対ではありません。支援者は、子ども本人や保護者の意見を丁寧に聞き、それをしっかり表明できるようサポートする必要があります。

また、11月頃の委員会までに本人や保護者の希望をひとまず伝える必要があるため、**それまでに各学校を訪問して見学したり、学校長から話を聞いたり、知能検査・発達検査などを受けたりと準備をします。**

特に、知能検査や発達検査の実施は8〜10月が非常に混み合いますので、早めに予約するよう促してください。

●「支援学級か通常学級か」の選択は毎年できる

小学校に入学したあとも、**「支援学級か通常学級か」の選択は毎年行うことができます。**

また、年度途中で支援学級の在籍を検討したい場合には、お試し期間

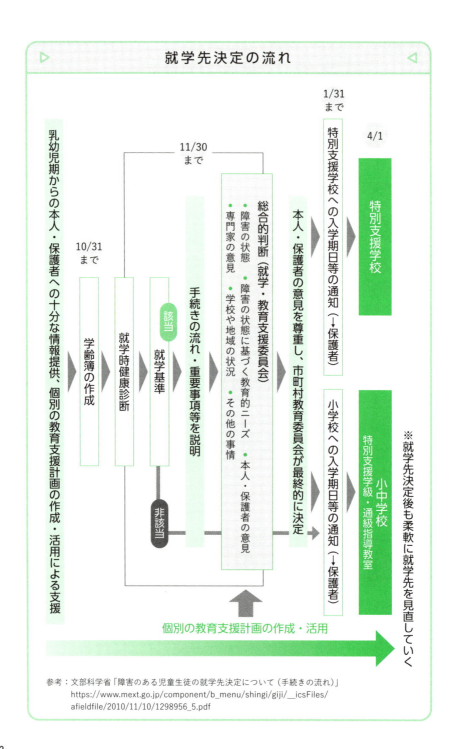

参考：文部科学省「障害のある児童生徒の就学先決定について（手続きの流れ）」
https://www.mext.go.jp/component/b_menu/shingi/giji/__icsFiles/afieldfile/2010/11/10/1298956_5.pdf

として年度の残りに支援学級を使うことを許可してくれる学校も多くあります（例：通常学級に入学し、1年生の2学期頃より2年生になってからの支援学級利用を検討。3学期から支援学級にお試しで入級し、2年生から支援学級に転籍）。

　ただし、**支援学級と通常学級を毎年転籍**することは困難です。支援学級は学校教育法施行規則のなかで「特別の教育課程をつくってもいい」とされているため、通常学級とは異なる子どもに合わせた教育課程を組んでくれています。

　そのため、ひんぱんに転籍することは教育課程の混乱につながり、子どもの学習を阻害すると考えられているのです。

　「一度支援学級に入ったら二度と通常学級に戻れない」などということはありません。しかし、教育課程の問題で「通常学級から支援学級への転籍」は比較的簡単に行えるにもかかわらず、「支援学級から通常学級への転籍」にはかなりの審議を要することは確かです。そのため、**転籍は進学のタイミングで検討すること**が望ましいでしょう。

　また、「支援学校から地元の小中学校への転校」はかなりむずかしいといえます。これも、支援学校の教育課程と通常の教育課程とが異なることが要因です。逆に、「地元の小中学校から支援学校への転校・進学」は可能ですが、転校の場合には支援学校側の教員数や定員などの関係から難色を示されることもあります。

● 養育者の思いを丁寧に聞く

　子どもの様子から支援学級が妥当とすすめられても、我が子を支援学級に入級させることに大きな抵抗を示される養育者がいます。「障害児と思われたくない」「友達関係が心配」「学習に遅れが出るのでは」など、理由はさまざまです。

　そうした場合には、養育者の思いを丁寧に聞き、「子どもにどうなってほしいと願っているか」を確認してください。そのうえで、「養育者の願

いを叶えるにはどうしたらいいか」を学校と話し合っていくことが重要です。

　たとえば、養育者の願いが「高校に行かせたい（学習面が心配）」であったとします。そうしたときには子どもに合わせた学習をしっかり行い、基礎学力を定着させ、自尊感情を低下させないことが養育者の願いを叶えることにつながります。

　子どもに合わせた学習は、「**どういった方法で、どこでどのように行えばいいのか**」を話し合ってみてください。

　私は、小学3年生までの基礎学力がその後の子どもの人生には特に重要だと考えています。小学3年生までの学習で、四則計算などその後の学習に必要な基本的なことを学びます。

　この段階でつまずくと、その後の学習をいくら積み上げようとしても困難になります。また、子どもが学ぶことを嫌いになってしまったり、自信を失ってしまったりもします。そのため、小学3年生までの学習内容を子どもに合わせたペース・学習方法で行うことが大切だと考えます。

　養育者が支援学級入級に抵抗が大きい場合には、**まずは通級指導を利用して、個別学習がその子にどの程度有効かを確認してみる**のもよいでしょう。子どもが「わかる」ことを喜び、「できた」ことで自信をつける姿を何よりも望んでいるのは養育者のはずです。

POINT!

- 小学校の就学先の場合、子どもが年長の年の11月頃に「就学・教育支援委員会」にて決定されます（最終決定は養育者や子ども本人の意向にそうものになる）
- 小学校に入学したあとも「支援学級か通常学級か」の選択は毎年行えますが、毎年転籍することは困難です

合理的配慮とは何か？

> 合理的配慮は、子ども1人ひとりに合った方法を提案できるようになることが大切です。

● 特別支援教育で重要な合理的配慮

　これまで特別支援教育について説明してきましたが、特別支援教育を行ううえで重要な考え方が「**合理的配慮**」です。

　合理的配慮は、**障害によって妨げられているものを、障害のない人と同じように行えることを目的**とします。

　合理的配慮は、1人ひとりに合わせた無数の方法が考えられます。そのため、「自閉症児にはパーテーション」など画一的に覚えても意味がありません。合理的配慮の正しい考え方を身につけ、その子に合った合理的配慮を提案できるようになってください。

　たとえば、視力のわるい方が黒板の文字が見えないためにノートが書けないとします。この場合、「ノートを書く」ことが「視力がわるい」ため妨げられています。重要なのは、この方は「視力がわるい」のであって、「ノートを書く」ことはできるということです。そのため、メガネをかけるという手段を講じることで「視力がわるい」ことを補い、本来もっている「ノートを書く」力を発揮できるようにするのです。

　合理的配慮を受ける人に対し、「ズルい」と言う人がいます。先ほどの例で視力のよさを競う場であれば、メガネをかけることは確かにズルいでしょうが、今回のポイントは「ノートを書く」ことなのです。そしてこの方は「ノートを書く」力はもっているのです。

● 教育現場における合理的配慮

　文部科学省から、「発達障害を含む障害のある幼児児童生徒に対する教育支援体制整備ガイドライン～発達障害等の可能性の段階から、教育的ニーズに気付き、支え、つなぐために～」が平成29年3月に出されて

います。これは、設置者用（都道府県・市町村教育委員会等）、学校用、専門家用、保護者用に分けて、「発達障害を含む障害をもつ子どもに対してそれぞれどのような対応をしなければならないのか」が細かく記載されています。

　合理的配慮については、「障害のある子供が、他の子供と平等に教育を受けられるように、学校が必要かつ適当な変更・調整を行うことであり、均衡を失したまたは過度の負担を課さないもの」と書かれています。

　学校現場では、「この子はがんばればできるんです」などと合理的配慮が提供されないことがよく起こります。**できないことだけに対応するのが合理的配慮ではありません**。目がわるい人も裸眼のまま目を細めるなどすれば黒板の文字が見えることもあるでしょうが、その行為は過度な負担となります。そうしたときに**メガネをかけていることを許可し、過度な負担を課さないことが合理的配慮なのです**。

　次ページ表に挙げましたが、教育課程の基準である「幼稚園教育要領、小学校学習指導要領及び中学校学習指導要領」（平成29年3月）、「高等学校学習指導要領」（平成30年3月）には合理的配慮に関する記述が明記されています。

　なお、受験の際にも合理的配慮は提供されます（100P参照）。学校でも合理的配慮の提供が法的義務になっているため必ず実施しなければなりません。

■ 障害者の権利に関する条約「第2条」

> 「合理的配慮」とは、障害者が他の者との平等を基礎としてすべての人権および基本的自由を享有し、または行使することを確保するための必要かつ適当な変更および調整であって、特定の場合において必要とされるものであり、かつ、均衡を失したまたは過度の負担を課さないもの

■障害者の権利に関する条約「第24条5項　教育」

> 締約国は、障害者が、差別なしに、かつ、他の者との平等を基礎として、一般的な高等教育、職業訓練、成人教育および生涯学習を享受することができることを確保する。このため、締約国は、合理的配慮が障害者に提供されることを確保する

■幼稚園、小学校・中学校、高等学校の学習指導要領の例

- 個々の児童生徒の障害の状態等に応じた指導内容や指導方法の工夫を組織的かつ継続的に行う
- 家庭、地域および医療や福祉、保健、労働等の業務を行う関係機関との連携を図り、長期的な視点での児童生徒への教育的支援を行うために、個別の指導計画、活用に努める。特に、特別支援学級に在籍する児童生徒や通級による指導を受ける児童生徒については、個別の教育支援計画および個別の指導計画を全員作成
- 各教科等に学習上の困難に応じた指導内容や指導方法の工夫
- 障害者理解教育、心のバリアフリーのための交流および合同学習
- 高等学校における通級による指導の制度化（平成30年度から）にともない、通級による指導における単位の修得の認定などについて規定

※幼稚園教育要領、小学校学習指導要領及び中学校学習指導要領（平成29年3月）、高等学校学習指導要領（平成30年3月）より抜粋

POINT!

- 合理的配慮は特別支援教育においてとても重要な考え方で、「障害によって妨げられているものを、障害のない人と同じように行えること」を目的としています
- 学校現場では「できないことにだけに対応」しがちですが、過度な負担を課さないことが合理的配慮になります

3-13 個別の教育支援計画と個別の指導計画

個別の教育支援計画と個別の指導計画は、子どもの特別支援で中心となるものです。

🟢 子どもの特別支援で中心となる計画

　教育課程の基準である「幼稚園教育要領、小学校学習指導要領及び中学校学習指導要領」（平成29年3月）、「高等学校学習指導要領」（平成30年3月）には、支援学級在籍や通級指導を使う子ども全員に**個別の教育支援計画および個別の指導計画**」を作成と明記されています。しかし、そうした子ども以外にも保護者が希望すれば作成することができます。

　「個別の教育支援計画」は、**学校等の教育機関が中心となり、保護者や子どもと相談して作成します**。「個別の指導計画」は、「個別の教育支援計画」をもとに**各子どもの教育課程を具体化したもので、学校が保護者や子どもと相談して作成します。**

　これらの計画は子どもの特別支援で中心となるものですが、自治体や学校によって作成や見直しの整備に大きなばらつきがあります。状況に応じて、法的根拠を示しながら、学校に作成や見直しをお願いしていくことが必要です。

　「個別の教育支援計画」を作成し、それらを関係機関で共有したり、進学先へ引き継ぐことによって、切れ目のない支援を実現することができます。

　学内だけでなく、子どもに関わるすべての機関の情報が記載されるため、「ケース会議を行うときにどこに連絡をすればいいのか」「どのサポートにはまだつながっていないのか」などが確認できます。

　「個別の教育支援計画」で学内や関係機関と子どもの情報を共有することについては、文部科学省の「学校教育法施行規則の一部を改正する省令の施行について（通知）」（平成30年8月27日付30文科初第756号）で明記されています。

計画の共有・引継

個別の教育支援計画
・引継ぎ内容を踏まえて作成します
・作成して終わりではなく、子ども
　の状況等を踏まえて適宜見直しを
　行います（PDCA サイクル）

引継 → 引継 → 引継

小学校　中学校　高校　大学・就職

作成

※乳幼児健診等
の情報も含む

乳幼児期

出生

・個別の教育支援計画に記載されている情
　報の共有、引継ぎに際しては、事前に保
　護者の同意を得ておきましょう
・目的に対して、「どこまで達成できたのか」
　「今後の課題は何か」がきちんと引き継が
　れることで、子どもに対する継続した支
　援が可能になります

| 出生期 | 就学前期 | 学齢期 | 成人期 |

引用：文部科学省「初めて通級による指導を担当する教師のためのガイド」個別の教育支援計画と
個別の指導計画　https://www.mext.go.jp/tsukyu-guide/common/pdf/chapter2_3.pdf

■個別の教育支援計画と個別の指導計画

個別の教育支援計画	個別の指導計画
平成 15 年度から実施された障害者基本計画においては、**教育、医療、福祉、労働等の関係機関が連携・協力を図り、**障害のある児童の生涯にわたる継続的な支援体制を整え、**それぞれの年代における児童の望ましい成長を促すため、**個別の支援計画を作成することが示された。 この個別の支援計画のうち、幼児児童生徒に対して、**教育機関が中心となって作成するもの**を、個別の教育支援計画という。	個別の指導計画は、**個々の児童の実態に応じて適切な指導を行うために学校で作成されるものである。** 個別の指導計画は、教育課程を具体化し、障害のある児童など 1 人ひとりの指導目標、指導内容および指導方法を明確にして、きめ細やかに指導するために作成するものである。

● 計画は定期的に見直すことが可能

　個別の教育支援計画や個別の指導計画を作成する際、**学校と保護者、本人とが目標にしたいことやそのための支援方法**について相談しながら進めていきます。このとき、必要に応じてスクールソーシャルワーカーやスクールカウンセラーなどの専門職の意見を聞くこともできます。

　一度、作成された計画は、**学期や年度ごとなど必要に応じて保護者・本人とともに見直しを行います**。しかし、残念ながら「計画の存在自体知らなかった」という保護者もいますし、1年生のときに作成してもらって以来、一度も見たことがないという保護者もいます。

　そうした場合には、前項で紹介した「発達障害を含む障害のある幼児児童生徒に対する教育支援制整備ガイドライン」をもとに、学校に作成や見直しをしてもらえるよう交渉していきましょう。

　これら2つの計画は、**特別支援教育のかなめとなるものですし、受験の際などに合理的配慮をお願いする根拠**にもなります。保護者だけでは学校との交渉がうまくいかない場合がありますので、支援者が調整役を担うことも1つの選択肢です。受験については在籍校や志望校などにも確認しましょう。

　なお、受験における合理的配慮の例としては、別室での受験、試験時間の延長、問題用紙や回答用紙の拡大、会場の下見、問題文の読み上げ、集団面接を個人面接に変更などがあります。

 POINT!

- 個別の教育支援計画や個別の指導計画は特別支援教育のかなめとなるものです
- これら2つの計画は、受験のときなどに合理的配慮をお願いする根拠にもなります

3-14 学校内の特別支援教育の中心人物

特別支援教育コーディネーターは、特別支援教育の中心となる教員のことを指します。

● 特別支援教育コーディネーターの役割

　学校のなかには校務分掌（ぶんしょう）というものがあり、教員の業務分担が明記されています。特別支援教育の中心となる教員を「**特別支援教育コーディネーター**」といいます。特別支援教育コーディネーターは、今後の特別支援教育を支える機能の1つとして位置づけられたものです（「今後の特別支援教育の在り方について［最終報告］」平成15年3月）。

　特別支援教育コーディネーターは、各学校における特別支援教育の推進のため、主に校内委員会・校内研修の企画・運営、関係機関・学校との連絡・調整、保護者の相談窓口等の役割を担います。

　校内委員会とは、校内における全体的な支援体制を整備するために設置される委員会です。特別な教育的支援が必要な子どもに対する個別の教育支援計画や指導計画を作成したり、学級担任と指導の支援方策を具体化したり、特別な教育的支援が必要な子どもへの指導や保護者との連携について全教職員の共通理解を図るために設置されます。校内委員会での検討のしかたは次ページ図を参照ください。

　発達障害の子どもの支援者にとっては、**各学校の特別支援コーディネーターがどの教員なのかは、新年度が始まったときに確認しておくとよい**でしょう。ただ、特別支援教育コーディネーターは、専門知識を備えた教員が担当しなければならないといった規定はありません。「どのような教員を配置するのか」や「どのように機能させていくのか」は学校長に委ねられています。

　学校に関わる関係機関や専門職（医師、心理職、ソーシャルワーカーなど）らが特別支援教育コーディネーターを活用して養育者の相談先とすることで、その役割が重大であることが示され、学校や担当校教員の

第3章 子ども編　障害の有無に関係なく使えるサービス

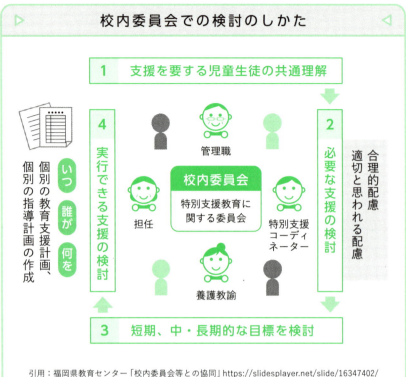

引用：福岡県教育センター「校内委員会等との協同」https://slidesplayer.net/slide/16347402/

認識が変わることもあります。

　なお、各当道府県や市町村の教育委員会が、特別支援教育コーディネーターのためにガイドブックや手引きを作成している場合があります。学内で特別支援教育コーディネーターがうまく機能していないと感じた場合には、そうしたガイドブックを示しながら、「何をお願いしたいか」などを明確に伝えていくとよいでしょう。

○特別支援教育コーディネーターは特別支援教育の中心となる教員のため、新年度が始まったときに確認しておきましょう

大人編

第 4 章

経済面・生活面の支援で
利用できるサービス

この章では、大人が障害者手帳を取得するメリット
とデメリット、障害年金や自立支援医療（精神通院
医療）、傷病手当金、失業手当の内容、専門的な相談
機関の特徴などについて取り上げます。

4-1 大人が障害者手帳をもつことのメリット・デメリット

> 大人の場合、障害であることの公的証明になる、就労面や金銭面のサポートが受けられるなどのメリットがあります。

2-1で子どもが障害者手帳をもつことのメリット・デメリットを説明しましたが、ここでは大人がもつ場合を説明します。

大人の場合、大学進学や就職、転職などでうまくいかないことが出てきて発達障害について調べて受診につながったり、精神的に疲弊して受診したことにより手帳取得にいたる方が多いです。高校までは時間割という決められた枠組みがあるため大きな問題なく過ごしてきた方も、大学のように自分で時間割を組み、授業ごとに課題の提出方法などが異なったり、就職して報連相の必要性が出たりといった、新たな枠組みのなかで業務をこなすことで課題が表面化することもあります。

大人と子どもでは共通点もあれば異なる部分もあります。当事者のライフステージに合わせて障害者手帳の必要性は異なるので、支援者はそれを理解し、当事者とともに取得の検討をその時々で行ってください。

● 大人が障害者手帳をもつことのメリット

障害者手帳が「障害者であることの公的な証明」であるメリットは、子どもと共通しています。発達障害は目に見えない障害のため、障害者手帳を提示することで、**職場や公的な場所で手を貸してもらいやすくなります**。

就労のサポートを受けられることは、**大人が障害者手帳を取得することの最大のメリット**といえます。障害者手帳を取得すると**就職の選択肢が広がります**。この点については第5章で詳しく説明します。

金銭的な負担軽減は子どもの場合は養育者にとってのメリットとして挙げていましたが、大人の場合はご自身のメリットに直結します。

障害の等級に応じて、所得税・住民税・相続税・贈与税・自動車税な

どの控除、公共交通機関の割引・減免や携帯電話基本料金の割引、レジャー・スポーツ施設で無料もしくは割引、または利用に際してのサービスや支援が適用されます。また、生活保護受給者の場合、障害者手帳をもつことで「**障害者加算**」がつきます。

所得税・住民税の控除は、会社員の場合は年末調整の際に扶養控除等申告書の「障害者控除」の欄に必要な情報を記入し会社に提出します。このときに、障害者手帳のコピーの提出を会社から求められることがありますが、法律上は提出しなくても問題ありません。

会社に障害者手帳をもっていることを知られたくない場合や、自営業など会社勤め以外の人の場合には、**確定申告を行うことで控除を受けることができます**。確定申告の方法については、確定申告の時期になると税務署などで税理士が無料で相談にのってくれます。

大人が障害者手帳をもつことのデメリット

デメリットで一番大きいのは、子どもと同じく障害者の公的な証明をもつことの精神面への影響です。手帳取得を前向きに考えていた方でも、実際に手帳を受け取ったあとに気持ちが落ち込むこともあるので、**手帳取得後の気持ちの変化に支援者は敏感になる必要**があります。

障害者手帳を取得したとしてもご本人がそれを口にしなければ会社やご家族に知られることはありません。しかし、手帳取得をご家族（特に配偶者）に黙っておくことに罪悪感を抱く方は多いです。そのため、結婚や子育てなど、**その方のライフプランを話し合う際やご家族への障害告知の際に手帳取得について話し合う必要があります**。

生命保険や医療保険、住宅ローンなどについては、各会社の審査によるところが大きく、絶対に加入できない・組めないわけではありません。特に生命保険や医療保険の場合は、手帳を取得していなくても、精神科受診の既往があると審査が通らないことがあります。

各会社の審査は医療機関などにも及びますので、受診や手帳取得を隠すことはできません。精神科受診前や障害者手帳取得前に加入している保険や住宅ローンは、受診後や手帳取得後もそのまま継続できます。

第**4**章 大人編 経済面・生活面の支援で利用できるサービス

105

■大人が障害者手帳を取得するメリット・デメリット

メリット	デメリット
①障害者であることの公的な証明になる ②就労のサポートが受けられる ③金銭的な負担が軽減される 障害の等級に応じて、 ・所得税、住民税、相続税、贈与税、自動車税などの控除 ・公共交通機関の割引・減免 ・携帯電話基本料金の割引 ・レジャー・スポーツ施設で無料もしくは割引、または利用に際してのサービスや支援を受けられる	①障害者の証明をもつことへの精神的負担がある ②生命保険や医療保険に加入しにくい場合がある ③住宅ローンなどが組みにくい場合がある

■障害者控除の対象となる親族とその注意点

障害者控除の対象となる親族	その親族の注意点
・納税者本人 ・配偶者 ・配偶者以外の扶養親族（6親等内の血族および3親等内の姻族）	本人以外の場合は納税者本人と生計を一（いつ）にしている ・年間の合計所得金額が38万円以下（令和2年分以降は48万円以下）である（給与のみの場合は給与収入［額面］が103万円以下） ・障害者控除は、扶養控除の適用がない16歳未満の扶養親族にも適用

 POINT!

○大人の場合、就労のサポートを受けられる点が障害者手帳を取得することの最大のメリットといえます
○生命保険や医療保険に加入しづらかったり、住宅ローンなどが組みづらい場合があるなどのデメリットがあります

4-2 経済的支援のかなめ: 障害年金とは？

> 障害年金は3つの受給要件があり、「初診日の認定」が受給するうえでかなめになります。

● 障害年金と障害者手帳の違い

　発達障害をもつ人は、その特性や二次障害（うつ病や不安障害など）から仕事を十分にこなすことができず、生活をしていくのに十分なお金を稼ぐことができない場合があります。そうしたときに経済的に支えとなるのが「**障害年金**」です。障害年金は非常にややこしい制度のため、ここでは最低限必要なことに限って説明します。

　まず、年金と聞けば「65歳以上の方が受給するもの」を思い浮かべる方が多いと思いますが、年金には3種類あります。どれも年金保険料を支払っていれば受給できるものです。

■ 年金の種類

老齢年金：65歳以上の人が受給
障害年金：20歳から65歳の障害者が受給
遺族年金：遺族が受給

　次に押さえておきたいのは、**障害者手帳と障害年金は別物である**ということです。障害者手帳を取得せずに障害年金を申請することはできますし、その逆もしかりです。

　また、障害年金にも「1級から3級まで」（109P参照）がありますが、**障害者手帳の等級と必ずしもイコールではありません。**

　精神障害者の場合、障害年金の決定を待ってから精神障害者保健福祉手帳を申請すると医師の診断書が1つですむため、診断書の料金は安くすみますが、**障害者手帳のみで申請した場合よりも交付が1〜2か月遅**

くなることが一般的です。

■障害年金の3つの受給要件

要件①

初診日において被保険者であること（初診日要件）

- 障害の初診日において、国民年金、厚生年金、旧共済年金の被保険者であること
- 初診日を医療機関から発行される書類等を用いて証明できること

要件②

初診日の前日までに年金保険料を一定以上納付していること（保険料納付要件）

- 20歳から初診日のある月の前々月までの全期間のうち3分の2以上を納付または免除していること
- これを満たさない場合は、初診日の前々月から前1年間に未納がないこと

要件③

障害の状態が障害認定基準に該当していること（障害状態要件）

- 初診日から1年6か月が経過した日（障害認定日）もしくは、それ以降の障害年金請求日において、国が定める障害認定基準に該当すること

● 障害年金の受給要件と初診日の注意点

　障害年金を受給するためには上表の**3つの要件をすべて満たしている必要があります**。障害年金受給の要件を満たしているかどうか（特に「要件②」について）は年金事務所に問い合わせるのが一番確実です。

　そして、障害年金において重要なことは「**初診日**」です。これは、知

的障害をともなう場合と、ともなわない場合で異なります。

> 知的障害をともなっている発達障害：**生まれた日**
> 知的障害をともなわない発達障害：**はじめて医療機関を受診した日**

■ 障害認定基準

障害の程度	障害の状態
1級	発達障害があり、社会性やコミュニケーション能力が欠如しており、かつ、著しく不適応な行動がみられるため、日常生活への適応が困難で常時援助を必要とするもの
2級	発達障害があり、社会性やコミュニケーション能力が乏しく、かつ、不適応な行動がみられるため、日常生活への適応にあたって援助が必要なもの
3級	発達障害があり、社会性やコミュニケーション能力が不十分で、かつ、社会行動に問題がみられるため、労働が著しい制限を受けるもの（3級は、初診日時点で厚生年金に加入していた方のみが対象）

参考：北海道障害年金相談センター「発達障害で障害年金を受給できる状態とは」
https://sapporo-shogai.com/info/%e7%99%ba%e9%81%94%e9%9a%9c%e5%ae%b3%e3%81
%a7%e9%9a%9c%e5%ae%b3%e5%b9%b4%e9%87%91%e3%82%92%e5%8f%97%e7%b5%a6%e3
%81%a7%e3%81%8d%e3%82%8b%e7%8a%b6%e6%85%8b%e3%81%a8%e3%81%af/

　「はじめて医療機関を受診した日」は精神科の場合が多いと思いますが、人によっては小児科や神経内科などのこともあります。**発達障害に関連することではじめて病院を受診した日**だと考えておきましょう。

　発達障害の診断を受ける前に他の疾患で精神科を受診していた（治療の経過のなかで発達障害の診断がついた）場合には、他の疾患で精神科受診をした日が初診日になります。

　初診日の認定は、障害年金を受給できるかどうかの大きなカギとなります。転院を繰り返していたり、初診日が遠い過去でわからなくなったりした場合には、**まず医療機関に在籍するソーシャルワーカーか、後述する相談支援事業所に相談してください。**20歳未満で発達障害を診断さ

障害者年金制度の仕組み

※金額は月額

1級障害
- 障害厚生年金 1級
- 障害基礎年金 1級 約85,000円

2級障害
- 障害厚生年金 2級
- 障害基礎年金 2級 約68,000円

3級障害
- 障害厚生年金 3級
- 最低保障額 約51,000円

- 会社勤めをしており、厚生年金を支払っていた場合は厚生年金ももらえる(金額は支払っていた保険料によって異なる)
- 厚生年金がもらえない場合は障害基礎年金のみ(3級は0円)
- 子ども加算や扶養加算もある

参考:公益財団法人　日本障害者リハビリテーション協会 情報センターHP
https://www.dinf.ne.jp/doc/japanese/prdl/jsrd/norma/n263/n263_01-05.html

---

れている場合には、**20歳になったときから年金を申請できます**。しかし、この場合にも初診日は必要となります。

　最後に、障害年金の受給額は等級によって、また加入している年金によって異なりますが、初診日に入っていた年金が適応されます。老齢年金と同じく、障害年金には基礎年金と厚生年金がありますが、厚生年金の加入者の多くは会社員です。また、生まれた日が初診日となる方は、会社員の経験があっても障害厚生年金は受給できません。

 POINT!

- 障害年金の受給要件では「初診日の認定」が重要になります
- 初診日がわからない場合は、医療機関に在籍するソーシャルワーカーや相談支援事業所に相談しましょう

4-3 障害年金の申請書類とQ&A

> 障害年金の申請書類は年金事務所でもらい、「医師に書いてもらう用紙」と「自分で記入する用紙」とがあります。

● 障害年金の申請に必要な書類

　障害年金を申請する場合には、**年金事務所で書類を一式もらいます。**そのなかに、「医師に書いてもらう用紙」と「自分で記入する用紙」とがあります。医師に書いてもらう用紙は主治医に提出してください。

　自分で記入する用紙のなかに「**病歴・就労状況等申立書**」があります。これは、**初診日から現在までどのような病歴をたどってきたのか**の詳細を書くものです。発達障害の方の場合は、発達障害に関連した受診がなくても「0歳」から記入してください。

　この用紙を書くときのポイントは、**①5年区切りで書くこと、②生活や就労への支障を詳しく書くこと、③周囲のサポートや使用しているサービスを詳しく記すこと**です。

　これを発達障害の当事者が1人で作成することは非常に困難であるため、支援者が記入を手伝うことをおすすめします。この用紙を書くことで、当事者の方のこれまでの人生を一緒に振り返る作業にもなります。

　医療機関のソーシャルワーカーや相談支援事業所も記入のサポートを無料でしてくれます。作成した書類は、医師の診断書や住民票と併せて年金事務所に提出します。

　社会保険労務士という書類作成の専門家に作成を依頼することも1つの方法です。手数料として着手金（1万円程度）と成功報酬（年金額の3か月分が一般的）を支払うことになりますが、書類作成の手間が省けます。社会保険労務士に依頼する場合、障害年金を専門にしている方を探したほうがよいでしょう。

　なお、次ページに障害年金に関するQ&Aをまとめました。

■ 障害年金に関するQ&A

質問	答え
働きはじめたら障害年金はもらえなくなるのでしょうか？	受給できます。ただし、給料によっては一部受給停止や更新の際に等級が下がることもあります
障害年金は一度受給できたら、一生もらえるのでしょうか？	発達障害の場合は有期認定となり、状態に応じて1～5年ごとの更新が必要です。また、65歳になれば「老齢年金」に切り替わります
障害年金の受給額はずっと変わりませんか？	老齢年金と同じで、物価や賃金などの変動に応じて毎年見直しが行われます
障害年金と生活保護は同時にもらえないのでしょうか？	障害年金を受給して、それでも足りない分を生活保護で補われます
障害年金は障害者手帳と同じ等級になりますか？	参考にはされますが、必ず同じになるとは限りません
障害者手帳をもっていないと申請できませんか？	障害者手帳をもっていなくても申請できます
年金申請が遅れたらどうしたらいいですか？	遡及（そきゅう）請求すれば最大5年さかのぼって受給できます
傷病（しょうびょう）手当金と障害厚生年金の両方をもらえますか？	両方はもらえません
障害年金の請求から受給までの期間はどのぐらいですか？	3か月から半年ぐらいかかるため年金事務所に問い合わせてください

POINT!

○ 障害年金の「病歴・就労状況等申立書」を当事者が作成するのは困難なため、支援者が手伝ったり、社会保険労務士に依頼しましょう

4-4 長期間の通院の際に使える医療費の制度〜自立支援医療〜

> 自立支援医療（精神通院医療）は、長期的な精神科への通院などの際に活用できる制度です。

● 精神科に継続的に通院する人のための制度

　発達障害をもつ人のなかで、服薬治療をしていたり、主治医に定期的に相談に行く場合には、長期的に精神科を受診することになります。

　すると、医療費の負担が大きくなり、なかには通院が必要な状態にもかかわらず医療受診を中断してしまう方もいます。そうならないために、支援者の方に知っておいてほしい制度が「**自立支援医療（精神通院医療）**」です。

　これは、「精神保健及び精神障害者福祉に関する法律第5条に規定する統合失調症、精神作用物質による急性中毒、その他の精神疾患（てんかんを含む）を有する者で、通院による精神医療を継続的に要する病状にある者に対し、その通院医療に係る自立支援医療費の支給を行うもの」とされ、**精神科に継続的に通院する必要がある方が使える制度**です。

　一般的に、健康保険を使うと医療費は「**3割負担**」ですが、自立支援医療を使うと精神科医療での治療費が「**1割負担**」になります。この治療費には、**診察料だけでなく心理検査や薬、リハビリの料金にも適応されるため、デイケアやリワーク支援などに通う場合にも使えます**。

　支援者は、精神科に通い始めてから主治医に「自立支援医療を申請したい」と相談するよう当事者に助言してください。

　仕事をしているかどうかに関係なく申請できますが、仕事ができていないときほど重要な制度です。

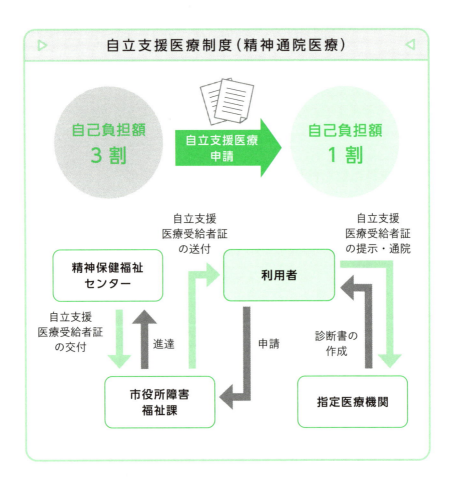

- 自立支援医療（精神通院医療）は精神科に継続的に通院する必要がある発達障害の方が使える制度です
- この制度は当事者が仕事をしているかどうかに関係なく申請でき、精神科医療での治療費が1割負担となります

病気などで会社に行けなくなった時の支援〜傷病手当金〜

傷病手当金は病気やケガによる休業中に受けられる手当で、一定の条件により退職後も受給を続けることができます。

● 傷病手当金の特徴

　病気やケガによって長期間会社を休むことが必要になった場合、会社から十分な報酬を受けられないことがあります。発達障害の方で多いのが、仕事で疲弊して適応障害やうつ病などの診断で休職する場合です。会社が休職者に手当てを出してくれる場合もありますが、休職が数か月以上の長期間になると、「手当を出せない」と言われることもあります。

　健康保険に加入している場合、こうしたときに「**傷病手当金**」を申請することができます。傷病手当金は、**病気休業中に被保険者とその家族の生活を保障する**ために設けられた制度です。傷病手当金は、「働けない状態」である人に対して支払われます。

　この場合の病気やケガは、仕事と関連しないことが原因のときに適応されます（仕事に関連する場合は労災保険が適応）。たとえば、休日で遊びに行って交通事故に遭った場合や介護疲れでうつ病になった場合なども、「待期期間」（3日間連続して休むこと）が完成すれば傷病手当金を申請することができます。

　傷病手当金は、病気やケガの療養のために会社を3日間連続して休んだあと（待期期間の完成）、「4日目」の休みから支給されます（次ページ表を参照）。

● 傷病手当金の受給金額

　傷病手当金の受給金額は、**給料の3分の2程度で、支給期間は最大1年半**です。受給中に会社を退職することになった場合も、**「働けない状態」が継続していれば受給し続けられます**。働けない状態になった場合、いきなり退職するのではなく、まずは休職して傷病手当金を受給しながら

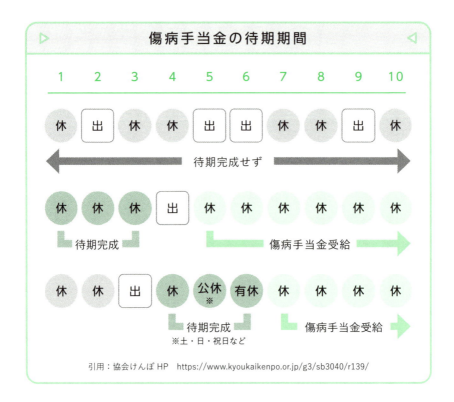

引用：協会けんぽ HP　https://www.kyoukaikenpo.or.jp/g3/sb3040/r139/

今後について検討することをすすめてください。

　傷病手当金は「働けない状態」である人に対して支払われるため、受給中は月に1回程度定期受診し、医師に働けない状態であることを診断してもらう必要があります。

　ただし、退職後も受給を続けるためには、**健康保険の被保険者の期間が1年以上必要です**。これは同じ会社での継続勤務ではなく、健康保険の被保険者であった期間の合算が可能ですが、1日のブランクもあってはなりません。退職した翌日から別の会社に勤務した場合に合算が可能となります。体調不良などでの退職の場合にはブランクがあることはやむを得ないですが、一般的な1年未満で転職活動を行う場合には、こうしたことに少し気を配ると後々役立つことがあります。

　また、退職後に申請する場合には、**最終日に労務不能であったことが必須条件になるため、最終日は絶対に出勤してはいけません**。最後のあ

いさつや荷物を取りに行くという理由であっても、出勤すれば労務不能とみなされなくなります。退職後の申請の場合には、上表を参考に出勤日を設定してください。

POINT!

- 傷病手当金は、病気やケガの療養のために会社を3日間連続して休んだあと、「4日目」の休みから支給されます
- 退職後も受給を続けるためには、健康保険の被保険者期間や最終日に出社しない（労務不能）などの注意点があります

4-6 仕事を辞めたあとの金銭的サポートがほしい〜失業手当〜

「就職困難者の失業手当」を利用することで、失業手当の受給期間が長くなったり、受給までの待機期間が短くなったりします。

　仕事を辞めたあとにすぐに再就職できればいいですが、それがむずかしい場合もあります。発達障害の方の場合、ご自身の特性に合った就職先を見つける必要があります。支援する発達障害の方が会社勤めで疲弊して退職した場合、「再就職の前にしっかり休養してほしい」と願うことも多いのではないでしょうか。

　また、5-7で説明する「就労移行支援事業」などの職業訓練を行ってから再就職するほうが就労が長続きする場合もあり、それらをすすめたいと思うこともあるでしょう。しかし、そうしたときにネックとなるのが金銭面です。「お金がないからゆっくりしていられない」「職業訓練に興味はあるけどお金を稼がないと」と言われてしまうと、支援者は再就職以外の道がないように感じてしまいます。

● 就職困難者の失業手当の特徴

　そこで、そうしたときには「**失業手当**」を利用します。失業手当は、一定期間雇用保険に加入したあと（週20時間以上の勤務）、仕事を辞めるときに受給できます。ここでは一般的な失業手当の説明は省略し、「**就職困難者の失業手当**」について詳しく説明します。就職困難者とは、身体障害や知的障害、精神障害をもつ方などを指します。

　実は、就職困難者に認定されると**失業手当を受給できる期間が長くなったり、受給までの待機期間が短くなったり**します。

　ハローワークに失業手当の申請をする際、「就職困難者にあたる」と申し出ると、就職困難者用の申請書を受け取れます。注意してほしいことは、**自ら申し出ないといけない**という点です。

　発達障害の方が退職を控えている場合、支援者は「精神障害者保健福

失業手当の受給期間

〈 一般の離職者 〉

被保険者であった期間		
1年以上 10年未満	10年以上 20年未満	20年以上
90日	120日	150日

〈 障害者等の就職困難者 〉

		被保険者であった期間	
		1年未満	1年以上
離職時年齢	45歳未満	150日	300日
	45歳以上 65歳未満	150日	360日

■就職困難者とは（精神の場合）

①精神保健福祉法第45条第2項の規定により精神障害者保健福祉手帳の交付を受けている者
②統合失調症、そううつ病（そう病およびうつ病を含む）またはてんかんにかかっている者

■一般と就職困難者の違い

	一般	就職困難者
受給までの待機期間	3か月	1か月
求職活動	月2回	月1回

第4章 大人編 経済面・生活面の支援で利用できるサービス

祉手帳を取得しているかどうか」「発達障害以外の診断名がついていないか」などを確認し、就職困難者に該当する場合には、ハローワークでの申し出を行うよう必ず当事者に伝えてください。

●「雇用保険の加入期間」が重要

失業手当の申請を考えた場合に一番重要なポイントは**雇用保険の加入期間**です。会社の雇用期間とほぼイコールです。

この加入期間が「**1年未満か1年以上か**」で失業手当の受給期間が大きく変わることになります。そのため、1年未満で就職継続が困難となった場合には、当事者の状態や会社の体制、雇用日数などに応じて、有休消化や休職といった制度を活用することも検討しましょう。

特に当事者が精神的に追い込まれている場合には、冷静な判断ができず、「会社を早く辞めたい」という思いだけで行動してしまうことがあります。支援者は、退職後のことも含めた状況を冷静に見極め、当事者にとって不利にならない行動を提案しましょう。

注意点は、失業手当は「働ける状態であるにもかかわらず、仕事がない状態」の方に支払われます。そのため、就職困難者であっても失業手当の申請書に記載する際に医師が「働ける状態である」と診断する必要があります。休職して傷病手当金をもらっている状態で退職した場合には、傷病手当をそのまま継続して受給し、失業手当の受給期間の延長を申請するとよいでしょう。そうすることで両方を受給できます。

働きたくても働けない状況にあるという正当な理由があれば、失業手当の延長を申し出ることができます。延長できる期間は通常離職から1年ですが、延長の申し出によって最長4年の延長が可能となります。

○受給期間が長くなったり、受給までの待機期間が短くなる「就職困難者の失業手当」は、ハローワークにて自ら「就職困難者にあたる」と伝えなければなりません

4-7 障害者向けの制度やサービスを利用するために

生活や就職に関する制度・サービスの多くは、障害支援区分に基づいて提供されます。

● 障害支援区分の決定方法

4-4で紹介した自立支援医療（精神通院医療）や、本項以降に紹介する生活や就職に関する制度・サービスの多くは障害者総合支援法に規定されており、そのなかには「**介護給付**」と「**訓練等給付**」があります。

「介護給付」には居宅介護や同行援護などが含まれ、「訓練等給付」には自立訓練や就労移行支援、就労継続支援などが含まれます。

「介護給付」を受ける場合は「**障害支援区分認定調査**」を受け、6段階ある障害支援区分を認定される必要があります。これは、18歳以上に限って必要な制度となります。「訓練等給付」を受ける場合は、利用についての聞き取りが行われるだけで、障害支援区分の認定を受ける必要はありません。

「**障害支援区分**」**は、障害者の方が制度やサービスを使う場合、どの程度の支援が必要かを示すもの**です。「障害支援区分認定調査」では、1次判定（コンピュータ判定）と2次判定（市町村審査会）によって決まります。

調査内容は、調査対象者（利用希望者）の移動や動作、日常生活、意思疎通、行動障害等の状況を市役所担当職員が聞き取ります。また、調査対象者（利用希望者）がどのくらい介護を必要としているかも調査項目によって調べます。

それらの情報をもとに障害支援区分が決定されます。障害支援区分にそって、利用できるサービスや量が決定します。

障害者総合支援法のサービスと支援区分

障害者総合支援法によるサービス体系

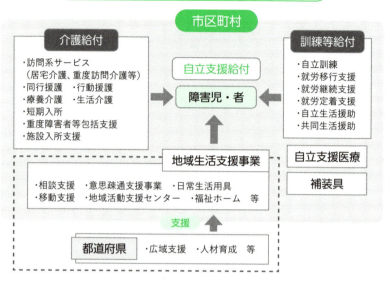

引用：墨田区 HP「障害者総合支援法のポイント」
https://www.city.sumida.lg.jp/kenko_fukushi/syougai/jiritsushien/pointo.html

障害支援区分の認定について

①障害支援区分の定義（法第4条第4項）
障害の多様な特性その他の心身の状態に応じて必要とされる標準的な支援の度合いを総合的に示すもの

②障害支援区分の認定手続き
市町村は、障害者等から介護給付費等の支給に係る申請を受理した場合、以下の手続きによる「障害支援区分の認定」を行う

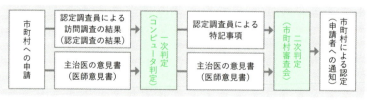

障害支援区分と利用できるサービス

介護給付の福祉サービスには、一定の障害支援区分やその他の要因が必要となるものがある

利用できる障害支援区分

	非該当	区分1	区分2	区分3	区分4	区分5	区分6
居宅介護							
同行援護			身体介助ありは区分2から				
行動援護	18歳未満は区分なく、これに相当する支援の度合い			区分3以上かつ行動関連項目が10点以上			
重度訪問介護							
重度障害者等包括支援							
生活介護			50歳以上は区分2から				
療養介護						筋ジストロフィー患者、重症心身障害者は、区分5から	
施設入所支援				50歳以上は区分3から			
短期入所							

※横浜市 HP「障害支援区分と利用できるサービス」をもとに作成
https://www.city.yokohama.lg.jp/kurashi/fukushi-kaigo/fukushi/annai/sogoshien/hsikyu.html

○「障害支援区分」は、障害者の方が制度やサービスを使う際にどの程度の支援が必要なのかを示すもので、「障害支援区分認定調査」によって区分が決まります

第4章 大人編 経済面・生活面の支援で利用できるサービス

4-8 外出や家事を手伝ってほしい 〜移動介護従事者〜

> 外出や家事で使えるサービスには、移動介護従事者（ガイドヘルパー）、居宅介護、精神障害者居宅生活支援事業があります。

● 移動や家事などをお願いできるサービス

1人暮らしをしたくても、自立した生活を送ることに不安をもつ発達障害の方は多いと思います。特性上、はじめての作業手順や見通しが立てづらく、料理や洗濯、買い物などの家事に苦戦したり、はじめての場所に1人で行くことがむずかしく、外出しづらくなることもあります。

そうした**自立したい気持ちを支え、実行できるようサポートすることも支援者としての重要な役割**です。

1つ目は、第2章でも紹介した「**移動介護従事者**」と「**行動援護**」です。このサービスは、大人も同様に社会生活上必要不可欠な外出・余暇活動等の社会参加の際の移動を支援してほしいときに利用できます。

2つ目は、家庭等に訪問して介護等のサービスを提供する「**居宅介護**」です。そのなかで精神障害者の方に特化したものが「**精神障害者居宅生活支援事業**」で、これらは「ホームヘルパー」と呼ばれることが多いです。どちらも家族と同居していても利用可能ですが、**ホームヘルパーは原則当事者のことしか手伝うことができません**。

ですので、洗濯をお願いする場合も当事者の衣類のみ洗濯することになります。また、発達障害の方の場合、すべての家事をお願いするというよりは、家事を見守ってもらったり、共同実践をしてもらう場合が多くなります。

しかし、育児支援に関しては、2021年7月に厚生労働省が「障害者総合支援法上の居宅介護（家事援助）等の業務に含まれる「育児支援」の取扱いについて」を発出し、**利用者が子どもの保護者として本来家庭で行うべき養育を代替するもの**であるとされ、沐浴や授乳、保育園への送迎、利用者（親）へのサービスと一体的に行う子どもの掃除、洗濯、調

■それぞれのサービスの特徴

	移動介護従事者	居宅介護	精神障害者居宅生活支援事業
対象	屋外で移動することに制限のある障害者	• 障害支援区分が1以上 • 通院等介助は障害支援区分が2以上	• 精神障害者保健福祉手帳を所持している者 • 精神障害を支給事由とする障害年金を受給している者 • 自立支援医療を受給されている者
場所	屋外	屋内	屋内
目的	円滑に外出できるよう、移動を支援 余暇活動（公園、スポーツ施設、動物園、映画、コンサートなど）に行く	• 身体介護：入浴、排せつ、食事等の介助 • 家事援助：調理、洗濯、掃除や、生活必需品の買い物などの援助 • 通院等介助：病院等の通院の際に付き添う	• 身体介護：身体の清潔の保持等の援助、通院・交通や公共機関の利用等の援助 • 家事援助：調理、生活必需品の買い物、衣類の洗濯・補修、住居等の掃除・整理整頓 • 相談および助言：生活、身体、介護に関する相談、助言
利用料	自治体によって異なる（上限あり）	1割負担	1割負担
法律	障害者総合支援法（地域生活支援事業）	障害者総合支援法（介護給付）	精神保健福祉法

理などが認められるようになりました。また、子どもの通院への付き添いも認められました。

　これは、①利用者（親）が障害によって家事や付き添いが困難な場合、②利用者（親）の子どもが一人では対応できない場合、③他の家族等による支援が受けられない場合の全てに該当する場合に限られますが、発達障害を持つ方も子育てがしやすくなります。

居宅介護では「障害支援区分認定」を受ける必要がありますが、精神障害者居宅生活支援事業では必要ありません。精神障害者居宅生活支援事業では、話し相手になるなどの利用方法も可能です。なお、同じ事業所がこれら2つのサービスを提供することも多いです。
　ガイドヘルパーとホームヘルパーの違いを表にまとめましたので、必要に応じて使い分けてください。

- 移動介護従事者（ガイドヘルパー）では外出時の支援を受けることができ、居宅介護や精神障害者居宅生活支援事業では家庭での身体介護や家事援助を受けることができます

4-9 余暇活動や交流の場がほしい
～地域活動支援センター～

地域活動支援センターには「基礎的事業」と「機能強化事業」があり、利用できるサービスはさまざまです。

● 地域活動支援センターの「基礎的事業」

　前項では外出による余暇支援のサービスを説明しましたが、「多くの仲間と関わりたい」「出かける場所がわからない」という方もいます。

　そうしたときには**地域活動支援センター**を提案してみてください。このセンターは、創作的活動や生産活動の機会を提供したり、社会との交流を促進する施設で、これらの活動を**基礎的事業**として行っています。

　自由に出入りできる「サロン」を設けているところが多く、障害者の居場所として利用できます。「社会参加はしたいけど働くのはむずかしい」方から「仕事終わりに立ち寄りたい」方まで幅広く利用でき、土曜日も開所しているところがあります。ひきこもり生活をしていた方が社会に出る第一歩として利用することもあります。

● 地域活動支援センターの「機能強化事業」

　地域活動支援センターには、Ⅰ型・Ⅱ型・Ⅲ型の**機能強化事業**があります。Ⅰ型は専門職が配置されて「相談支援」も行っているため、相談があるときだけ利用する方もいます。

　これらは基本的には医師の診断書があれば利用できますが、Ⅲ型だけは障害者手帳を求められることが多いでしょう。

　発達障害の方は「自由に過ごす」ことが苦手な場合も多いです。Ⅱ型やⅢ型では生産活動やプログラムが多いため、やることが決まっているほうが過ごしやすい方に最適です。曜日や季節に応じて自由参加のプログラムが多く設定されているため、1人ではチャレンジしにくいことでもプログラムを通じて体験し、趣味を増やす方もいます。

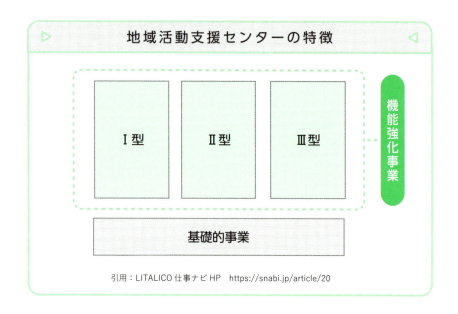

引用：LITALICO仕事ナビHP　https://snabi.jp/article/20

■ Ⅰ型・Ⅱ型・Ⅲ型の特徴

Ⅰ型	● 相談事業や専門職員（精神保健福祉士等）の配置による福祉・地域の社会基盤との連携強化、地域住民ボランティア育成、普及啓発等の事業を実施 ● 1日あたりの実利用人数はおおむね20人以上
Ⅱ型	● 身体機能の維持や向上を目的とした機能訓練、対人関係トレーニングを目的とした社会適応訓練等、自立と生きがいを高めるための事業を実施 ● 1日あたりの実利用人数はおおむね15人以上
Ⅲ型	● 過去に無認可作業所（別名：小規模作業所、共同作業所）と呼ばれた作業所を移行し、支援を充実 ● 1日あたりの実利用人数はおおむね10人以上

　事業所によって、どの障害が多いかや年齢層・活動内容などはさまざまです。HPや市役所などで各センターの活動内容や開所時間を調べ、当事者の希望に合ったところがないかを探します。

　気になる場所があれば見学のアポイントを取り、見学や説明を受けたうえで利用したいと思えば登録用紙に記入します。あとは自分が利用し

たいタイミングで利用できます。利用料は「無料」で、特定のプログラムに参加する際に参加費として実費をつど支払うことになります。

■ プログラムの例

月	火	水	木	金	土
1日	2日	3日	4日	5日	6日
フリー活動 映画観賞	フリー活動 ヨガ	フリー活動 書道	カラオケ フリー活動	地域清掃	休み
8日	9日	10日	11日	12日	13日
フリー活動 書道	カラオケ フリー活動	フリー活動 調理	フリー活動 野球	フリー活動 陶芸	休み
15日	16日	17日	18日	19日	20日
フリー活動 ヨガ	フリー活動 読書	フリー活動 書道	フリー活動 クラフト	フリー活動 調理	家族の つどい
22日	23日	24日	25日	26日	27日
フリー活動 野球	フリー活動 映画鑑賞	フリー活動 手芸教室	フリー活動 ヨガ	フリー活動 調理	休み
29日	30日				
カラオケ フリー活動	フリー活動 クラフト				

参考：地域生活支援センターふらる HP
　　　http://houjin-chibacity-ikuseikai.jp/index.php?QBlog-20140826-1

POINT!

- 地域活動支援センターは、障害者などの方のために創作的活動や生産活動のプログラムが用意されたり、相談支援などを行っています

4-10 身近な相談場所がほしい
～相談支援事業所～

> 相談支援事業所は障害者の地域生活の中心となる機関であり、福祉サービスの利用などについての相談にのってくれます。

● 相談支援事業所の特徴

本書ではさまざまな制度やサービスを紹介していますが、地域によって実態が異なることもあります。また、事業所によっても雰囲気や活動内容、対応範囲はさまざまです。

そのため制度やサービスを知ったとしても、実際に支援者が働いている地域に即した対応はできないことがあります。そこで、重要になるのが「**相談支援事業所**」です。

相談支援事業所は、**福祉サービスの利用について相談にのってくれたり、地域の障害者の相談に無料でのってくれたりするところ**です。地域の障害福祉サービスについて一番詳しいところだといえるでしょう。

発達障害の方が身近な相談場所として利用したり、自分に合ったサービスを教えてもらうときに利用するのはもちろん、関係機関や支援者が「地域の情報がほしい」際に問い合わせることもできます。障害者の地域生活の中心となるといっても過言ではありません。

支援者が働く地域のなかで、相談支援事業所がどこにあるのか調べておくと心強いです。相談支援事業所は**医師の診断があれば利用できますし、当事者だけでなく、その家族の相談も引き受けてくれます**。

● 相談支援事業所の2つの形

相談支援事業所は、市役所内に窓口を設置しているところや地域活動支援センターⅠ型のなかに設置しているところなどさまざまです。

相談支援事業所は、「**一般相談支援事業所**」と「**特定相談支援事業所**」の2つに分けられます。日常生活での相談にのってくれる「**基本相談支援**」はどちらでも行っています。

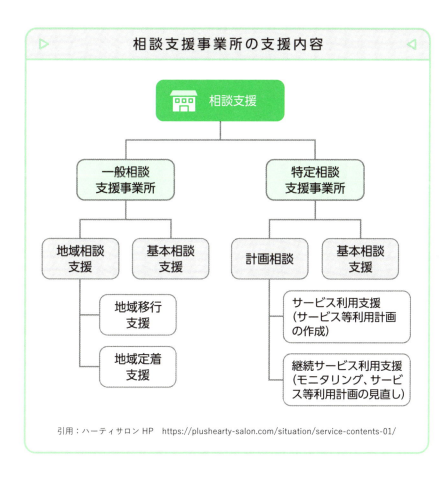

引用：ハーティサロン HP　https://plushearty-salon.com/situation/service-contents-01/

■ 相談支援の内容

基本相談支援	障害福祉に関するさまざまな事柄について、当事者や家族などからの相談に応じて必要な情報を提供したり、福祉サービスの利用支援を行ったりする
計画相談	障害福祉サービスの利用申請に必要なサービス等利用計画を作成したり、サービスの利用にまつわる相談に対応したり、関係機関との連絡調整などを行ったりする
地域相談支援	障害者支援施設や精神科病院、矯正施設（刑務所など）を出て地域生活を目指す障害者を支援する

2つの相談支援事業所を併設している場所も多く、どちらでも障害年金や障害者手帳の申請を手伝ってもらったり、家族のグチをきいてもらったり、将来について一緒に考えてもらうなどの支援を行っています。

　制度やサービスを利用する際の「サービス等利用計画」や「個別支援計画」は、特定相談支援事業所のみができることになります。これらの計画については別の項目で詳しく説明します。

　相談支援事業所は各市町村に複数あります。複数の相談支援事業所のリーダー的存在となるのが、「**基幹相談支援センター**」です。基幹相談支援センターは、地域の相談支援の拠点として総合的な相談業務及び成年後見制度利用支援事業を実施します。しかし令和3年4月時点では全国の市町村のうち50％しか基幹相談支援センターが設置されておらず、2024年の障害者総合支援法の改定で基幹相談支援センターの設置を努力義務としました。

　また「**地域生活支援拠点等**」を障害者総合支援法に位置付け、その整備に関する市町村の努力義務等が設けられました。地域生活支援拠点等とは、障害者の重度化・高齢化や「親亡き後」を見据えた、居住支援のための機能をもつ場所や体制のことです。地域生活拠点等は次の項目の①〜⑤にある5つの柱を掲げており、この5つをすべて1つの事業所が担う「多機能拠点整備型」の地域と、障害者総合支援法に規定されている事業所が5つの機能の一部を分担して担う「面的整備型」の地域とがあります。こうした機能を把握している人を「**拠点コーディネーター**」といいます。

　自身の住まいがある地域における地域生活支援拠点等と拠点コーディネーターを把握しておくことで、いざというとき慌てずにすみます。どこに確認したらいいかわからない場合には、市町村役場にたずねるのがいいでしょう。

● 居住支援のための主な機能

❶ 相談
緊急時の支援が見込めない世帯を事前に把握した上で常時の連絡体制

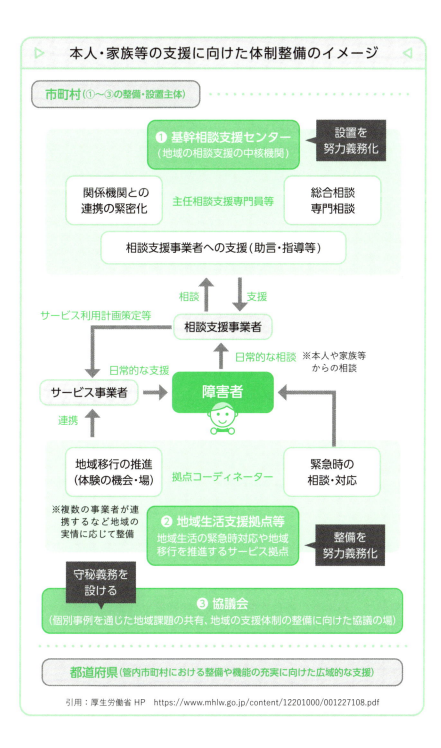

を確保し、障害の特性に起因して生じた緊急の事態等に必要な相談支援を行う

❷ **緊急時の受入れ・対応**
短期入所を活用した常時の緊急受入体制等を確保した上で、介護者の急病や障害者の状態変化等の緊急時の受入れや医療機関への連絡等の必要な対応を行う

❸ **体験の機会・場**
病院や施設、親元からの自立にあたって、障害福祉サービスの利用や一人暮らしの体験の機会・場を提供する

❹ **専門的人材の確保・養成**
医療的ケアが必要な者や行動障害を有する者、高齢化に伴い重度化した障害者に対して、専門的な対応を行うことができる体制の確保や、専門的な対応ができる人材の養成を行う

❺ **地域の体制づくり**
地域の様々なニーズに対応できるサービス提供体制の確保や、地域の社会資源の連携体制の構築等を行う

- 相談支援事業所は地域の障害福祉サービスについて一番詳しい機関で、当事者以外にも関係機関や支援者が「地域の情報がほしい」際に問い合わせることができます
- 相談支援事業所は「一般相談支援事業所」と「特定相談支援事業所」に分けられ、どちらでも日常生活の相談に無料でのってくれる「基本相談支援」を受けられます

4-11 専門的な相談機関はどこ？
～精神保健福祉センター～

精神保健福祉センターは、ひきこもりや精神科入院の相談などができる公的機関です。

発達障害者の方には二次障害などがあることも

前項で身近な相談場所として「相談支援事業所」を挙げましたが、アルコール依存症や薬物依存症、ひきこもり問題、精神科入院の相談など、困難な問題の相談先として「**精神保健福祉センター**」があります。

発達障害は脳の特徴や現代社会の仕組みからストレスを受けやすく、その結果、**うつ病や依存症などの二次障害を併発しやすい**といわれています。

また、社会への適応がむずかしく、**不登校やひきこもりになる可能性も高い**とされており、複数のひきこもり実態調査の結果、ひきこもりのうち30％前後に発達障害の傾向がみられるともいわれています。

そのため、発達障害者を支援する場合には、精神保健福祉法に規定されている精神保健福祉センターを知っておく必要があるのです。

精神保健福祉センターの特徴

精神保健福祉センターは、**都道府県と政令指定都市に必ず設置されています**。センター長は医師であることが多く、精神保健福祉士、臨床心理士・公認心理師、保健師、看護師などの専門職や専門的知識をもつ職員が相談に応じます。**相談から情報提供まで幅広く対応しており、相談の形態も、来所相談・電話相談・訪問相談**などさまざまです。

発達障害の当事者だけでなく、その家族や関係者、専門職からの相談にも対応してくれます。発達障害者に関わる専門職は、心理職や福祉職、教職など非常に幅広いです。そして、それぞれの専門職が得意としている分野は異なります。そのため、精神疾患やひきこもりなど精神保健について専門としていない専門職に対して、精神保健に関わる当事者への

精神保健福祉センターの業務

1. 企画立案
2. 技術指導・技術援助
3. 人材育成
4. 普及啓発
5. 調査研究
6. 精神保健福祉相談　【特に重要】
7. 組織育成
8. 精神医療審査会の審査に関する事務
9. 自立支援医療（精神通院医療）・精神障害者保健福祉手帳の判定

アプローチ方法や、医療機関の必要性、そのつなぎ方について助言等してもらえます。

当事者の方に会えない、家庭内暴力があるといった困難な方への対応について困った場合にはぜひ相談してみてください。

精神科医療機関の情報提供もしてくれるため、対応する当事者の方が転居する場合には転居先の精神保健福祉センターに電話し、どのような医療機関があるのかを確認することもできます。入院を受け入れてくれるところや依存症の専門機関なども紹介してくれます。

精神保健福祉センターは公的機関のため、「ここの病院がいい」など各関係機関を批評することはできないのですが、「この地域には〇〇クリニックと××病院があります」といった情報提供をしてくれます。

来所相談や訪問相談の場合は予約が必須ですので、どのような相談でもまずは電話をかけてみてください。

また、ひきこもりの家族会や依存症の自助グループなどを実施しているところもあります。自殺予防のための電話相談を実施するところもあり、その活動内容は各精神保健福祉センターによって異なります。HPを見て確認したり、電話で活動内容を問い合わせてみるのもよいでしょう。

全国の精神保健福祉センター一覧は下記を参照ください。

＊全国精神保健福祉センター長会「全国精神保健福祉センター一覧」
https://www.zmhwc.jp/centerlist.html

 POINT!

○当事者の方は二次障害やひきこもり傾向がみられることもあるため、相談から情報提供まで行う精神保健福祉センターを利用しましょう。

4-12 「制度やサービスのはざま」にいる方へのサポート

コミュニティソーシャルワーカー (CSW) は、引きこもりやグレーゾーンの方などの支援で利用しましょう。

　発達障害を抱える方のなかには、自宅がゴミ屋敷状態になっていたり、引きこもり状態になっている方もいます。

　そうした方の場合、社会とのつながりが希薄で、支援を受けることを拒否されることもあります。医療機関などにつながっておらず、診断がついていないことも少なくありません。また、医療機関につながっていたとしても「グレーゾーン」といわれ、診断がつかないものの当事者の困り感は強いという方もいます。

● CSW の役割

　支援が必要な状況にもかかわらず、既存の障害者サービスを利用できない方々の相談先として押さえておきたいのが「**コミュニティソーシャルワーカー (CSW)**」です。

　CSWは市区町村社会福祉協議会に配置されており、社会福祉士や精神保健福祉士などの有資格者であることが多いです。

　CSWは、その地域で生活する人々の課題を解決するための支援を行います。また、近隣住民や専門職からの相談も受けつけているため、「あそこの家の人が心配」といった相談もすることができます。支援対象は、年齢や所得、障害の有無などは一切問われません。

　訪問相談や出張相談、ゴミ屋敷の掃除、発達障害の当事者グループ、家族会、高齢者のサロンなどその取り組みは多岐にわたり、地域のニーズに応じた支援を行っています。そのため、どのような活動をされているかは地域の社会福祉協議会に問い合わせてください。

　その地域の社会資源についても詳しく教えてもらえるため、支援者が

参考：狛江市社会福祉協議会HP https://welfare.komae.org/s_list/reg_volunteer/csw/

情報収集のために問い合わせるのもよいでしょう。

　CSWが配置される社会福祉協議会は社会福祉法に基づいて設置され、社会福祉活動を推進することを目的とした非営利の民間組織です。

　社会福祉協議会は、地域住民のほか、民生委員・児童委員、社会福祉

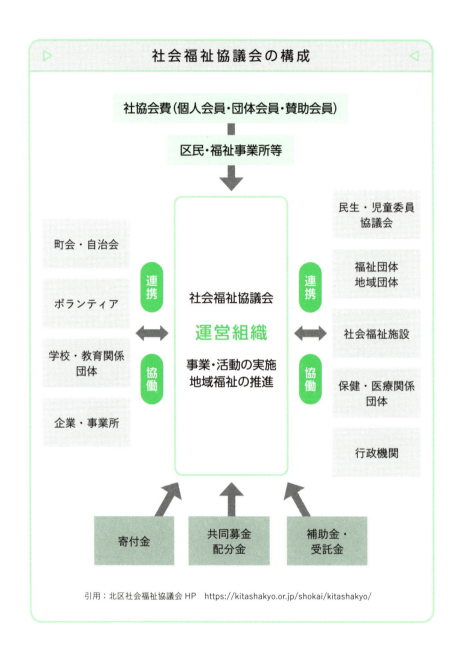

引用：北区社会福祉協議会 HP　https://kitashakyo.or.jp/shokai/kitashakyo/

　施設・社会福祉法人等の社会福祉関係者、保健・医療・教育など関係機関の参加や協力のもと、地域の人々が安心して生活することのできるまちづくりを目指しています。

■CSWが支援する「制度やサービスのはざま」の人

①ひきこもり、セルフネグレクト、ゴミ屋敷の問題など、既存の福祉サービスだけでは対応しきれない人
②既存の福祉サービスで定められているサービス給付要件に該当しない、経済的理由等により利用できない人
③福祉サービスそのものを拒んだり、本人が援助の必要性を感じていない人
④サービスに関する情報を知らない、知っていても理解や活用がむずかしい、申請ができない人

引用：国立市社会福祉協議会「コミュニティソーシャルワーカー（CSW）活動報告書」
http://www.kunitachi-csw.tokyo/pdf/2018-02_csw.pdf

- CSWは市町村の社会福祉協議会に配置され、訪問相談や出張相談、ゴミ屋敷の掃除などのサポートを行っています

大人編

第 5 章

就労面の支援で
利用できるサービス

この章では、障害者雇用で利用できる相談機関やさ
まざまな就労形態（就労継続支援事業など）の特徴、
就労訓練や就職支援の中心となる機関など、就労支
援の流れをまとめます。

5-1 就労に関する制度やサービスの概要

> 発達障害の方に合った就職先の検討では、①就労形態、②就労訓練、③就労に関する相談先を考える必要があります。

● 発達障害者の就労の特徴

　第5章では、就労に関する制度やサービスについて説明します。発達障害があることで、会社の人とうまく関係を築けなかったり、仕事でのミスが多発し、注意や叱責を受けたりと会社で働くことに困難さを感じている方も多くいます。

　発達障害者の場合は得意・不得意の差が大きいことを支援者が理解し、**その方に合った就職先を見つけることが重要となります。**

　自分に合った会社に転職したことで力を発揮できるようになった方や、特定の業務に特化させてもらったり、逆に特定の業務を免除してもらうことで生き生きと仕事ができるようになった方、指示の方法を変えてもらうことでミスが減った方もいます。

　その方に合った就職先を考えるためには、**①就労形態**、**②就労訓練**、**③就労に関する相談先**を押さえておく必要があります。

　就労形態の全体像は次ページの図を参考にしてください。ここでは「一般雇用（オープン・クローズ）」について取り上げ、「就労継続支援A型事業所」「就労継続支援B型事業所」「障害者雇用」については別の項目で1つずつ説明します。

● オープンでの就労とクローズでの就労

　発達障害の診断や障害者手帳を取得していても、健常者と同じように働きたいと希望される方もいます。その場合には、健常者と同じ求人である「一般雇用」に応募し、通常と同じ過程を経て企業に就職します。

　そのなかで、自分に発達障害があることを職場の人に打ち明けること

を「**オープンでの就労**」といい、打ち明けずに健常者と同じように働くことを「**クローズでの就労**」といいます。

　障害者雇用では必然的に「オープンでの就労」になりますが、一般雇用で職場にオープンにする方もいます。これは、一般雇用で勤務するなかで「発達障害の診断がついた」場合に選択されることが多いです。

　障害者の雇用の促進等に関する法律（障害者雇用促進法）に基づき、障害を理由に解雇することや合理的配慮がなされないことは違法となります。しかし、実際には希望しない異動を命じられたり、周りからの風

当たりが強くなって退職に追い込まれる方も残念ながらいます。

　一般雇用で仕事を継続したい場合に「障害をオープンにするかどうか」は、職場環境を見極め、「**誰にどのように打ち明けるか**」を支援者としっかり相談しながら進めることが望ましいでしょう。

　また、障害があることを隠して就職し、障害によって業務に支障が出て会社に不利益が出た場合には「不実記載」「不実申告」となり、最悪の場合は解雇になることがあります。

　支援者は就労形態のメリット・デメリットをしっかりと理解し、相談者の現状を正しく理解したうえで相談に応じていく必要があります。

■就労形態別のメリット・デメリット

	メリット	デメリット
一般雇用クローズ	・障害者雇用よりも求人が多い ・さまざまな職種がある ・一般の従業員と同等の処遇	・支援者が会社に対してサポートに入れない ・いつ障害が周囲に伝わるか不安に感じる ・会社からのサポートを受けられない ・業務内容や環境などの配慮を受けられない
一般雇用オープン	・障害者雇用よりも求人が多い ・さまざまな職種がある ・一般の従業員と同等の処遇 ・障害を隠さずにすむ	・応募の時点でオープンにすると採用の可能性が低くなり、障害者雇用での採用となることがある ・配慮事項をお願いしたとしても配慮されるとは限らない ・異動などの可能性がある
障害者雇用	・障害を隠さずにすむ ・業務内容の配慮が受けやすい ・支援者が訪問できる ・職場環境の調整をしてもらいやすい	・一般就労と比べて求人や職種が少ない ・給料等の労働条件が低くなることがある ・昇給や昇進がしにくいことがある

■ 障害者差別の一例（厚労省「障害者差別禁止指針」より作成）

状況	差別内容
募集や採用	障害者であることを理由に募集や採用の対象から障害者を排除する
賃金	賃金の支払いにあたり障害者に対してのみ不利な条件を適用する
配置	一定の職務への配置にあたり障害者に対してのみ不利な条件を適用する
昇進	障害者であることを理由に一定の役職への昇進対象から排除する
雇用形態の変更	雇用形態の変更にあたり障害者に対してのみ不利な条件を付す
退職の推奨	障害者であることを理由に障害者に退職を推奨する
福利厚生	不利な厚生の措置の実施にあたり障害者に対してのみ不利な条件を付す

引用：障がい者としごとマガジンHP　https://shigoto4you.com/shogaisha-koyosokushin/

 POINT!

○ 発達障害の支援者は、就労形態ごとのメリット・デメリットを把握したうえで相談に応じましょう

5-2 大人の場合の合理的配慮

障害者の雇用おいて合理的配慮を提供することは、法律で明記されています。

合理的配慮は規定されている法律

「3-12」で説明した合理的配慮ですが、ここでは大人の場合を説明します。合理的配慮の基本的な考え方は子どもと同じになりますので、そちらのページも参照しながら読み進めてください。

合理的配慮は、障害者の権利に関する条約（第2条）に定義されているように、**障害によって妨げられているものを、障害のない人と同じように行えること**を目的としています。

そして、障害者の雇用の促進等に関する法律（障害者雇用促進法 第36条の3・4）や、障害を理由とする差別の解消の推進に関する法律（障害者差別解消法第5条）に、**事業主として障害のある労働者に合理的配慮を提供することは義務であること**が明記されました。

■障害者雇用差別解消法と障害者雇用促進法

	障害者雇用差別解消法	障害者雇用促進法
対象分野	雇用分野以外のありとあらゆる分野	雇用分野に特化
合理的配慮の提供義務	国・自治体：法的義務 民間事業主：法的義務（2024年4月〜）	国・自治体：法的義務 民間事業主：法的義務

引用：チャレンジラボHPをもとに作成
https://persol-diverse.co.jp/lab/fundamental/recruit/recruit001/

合理的配慮実施の流れ

採用時に本人から申し出る

↓

当事者・企業側双方で話し合う

↓

情報共有や引継ぎ、フォロー体制を整える

↓

配慮内容の見直しを定期的に実施する

※「合理的配慮指針」の発達障害についての記載を抜粋
（ここに記載されている事例以外でも合理的配慮に該当するものがある）

採用時
- 募集・面接時に、就労支援機関の職員等の同席を認めること
- 面接・採用試験について、文字によるやりとりや試験時間の延長等を行うこと

採用後
- 業務指導や相談に関し、担当者を定めること
- 業務指示やスケジュールを明確にし、指示を1つずつ出す、作業手順について図等を活用したマニュアルを作成する等の対応を行うこと
- 出退勤時刻・休暇・休憩に関し、通院・体調に配慮すること
- 感覚過敏を緩和するため、サングラスの着用や耳栓の使用を認める等の対応を行うこと
- 本人のプライバシーに配慮したうえで、他の労働者に対し、障害の内容や必要な配慮等を説明すること

POINT!

○障害者に対して合理的配慮を提供することは法律で義務であることが明記され、採用時や採用後の指針もまとめられています

5-3 障害者雇用で使える相談機関

> 一定規模以上の企業には障害者の雇用が義務づけられているため、求職の相談ではハローワークを活用しましょう。

　ここでは、前述の障害者雇用についてさらに詳しく解説します。発達障害の方の場合、特性に応じた合理的配慮を受けることで本来その方がもっている能力を発揮することができます。障害者雇用を検討することで働くことへの意欲が高まり、社会参加が促されることがあります。

　一方、障害者雇用のむずかしさもあるため、支援者は両側面を理解し、当事者に適した就職をサポートしましょう。

● 障害者雇用率とは？

　障害者雇用は、障害者雇用促進法に基づいた雇用方法です。この法律では、事業主に対して「**障害者雇用率（法定雇用率）**」に相当する人数の障害者の雇用を義務づけています。

　法定雇用率が設定されるのは、従業員が40人以上の企業です（令和8年7月以降は37.5人以上の企業）。大企業になるほど障害者を雇用しなければならないため、採用枠も多くなります。そのため、障害者雇用で大手企業や公務員を目指すこともできます。

　ただし、人気のある企業や公務員は応募者数も多いことは覚悟しなければなりません。一般雇用の場合と同様に、年齢や職歴なども採用に影響します。

　障害者雇用で採用されるためには、**当事者が自身の障害特性や特性についての配慮事項・努力事項について明確に語れることが重要**になります。支援者は、そうした障害理解や自己理解の促進に努めることが必要です。

　また、障害者雇用で就職した場合、いっしょに働く従業員のほとんどは健常者となり、上司や仕事を教えてくれる先輩も健常者になります。

入社時には配慮事項などを伝えたり話し合ったりしますが、発達障害に詳しい人が担当になるわけではありません。

また、会社によっては社員全員に障害者雇用者を伝えているわけではなく、上層部や上長のみが知っているケースもあります（事前に会社と当事者で相談可能ですが、大企業となると全員への周知は困難です）。

そのため「配慮されて当然」という考えではなく、自分の特性や配慮してほしい事柄について、働きはじめてからも随時、上司や先輩に相談する力が求められます。

「障害者雇用で入職できればすべての問題が解決する」と思っている当事者の方もいますが、その認識のまま入職すると落胆したり、会社への不満が大きくなってしまいます。

支援者は事前に障害者雇用について正しい情報を伝え、当事者が自ら発信・相談できる力を身につけられるようサポートしてください。

■ 障害者雇用率（法定雇用率）

	令和 6 年（2024 年）4 月以降
民間企業	2.5%（40 名以上の企業） [令和 8 年 7 月以降は 2.7%（37.5 人以上の企業）]
国・地方公共団体など	2.8%［令和 8 年 7 月から 3.0%］
都道府県などの 教育委員会	2.7%［令和 8 年 7 月から 2.9%］

● 障害者雇用では手帳の取得が不可欠

障害者雇用を希望する場合、**必ず障害者手帳を取得しなければなりません**。求人に応募できるのも障害者手帳が交付されたあとになります。障害者手帳が交付されると、ハローワークで障害者雇用の求人を閲覧できるようになります。

引用：ゆうゆうゆう HP「精神障がい者が働きたいと思ったとき利用できる支援機関」
https://www.u-x3.com/?p=4839&cat=41

　ハローワークには障害者の就労支援を行う専門援助部門も設置されており、相談員が対応してくれます。相談員は臨床心理士や社会福祉士などの専門職のこともあれば無資格者の場合もあるため、当事者の方に合った担当者に出会えることを願うしかない実情もあります。
　専門援助部門では1時間程度じっくり相談にのってくれ、必要に応じて後述の専門機関につないでくれます。障害者雇用を検討される場合、手帳取得後、まずはハローワークに相談することをすすめてください。

● 事業主への報酬金や助成金がある

　障害者雇用促進法には、障害者の雇用にともなう事業主の経済的負担の調整を図ることも明記されており、法定雇用率を達成した会社に報酬金が支払われたり、障害者の雇用開始にあたって助成金が支払われたりします。

　発達障害者は律儀な方も多いため、「障害者である自分が雇われて申し訳ない」と障害者雇用を希望されない場合があります。そうした際には、その方が会社で活躍できる可能性を示唆すると同時に、会社に支払われる報酬金や助成金について説明することが有効です。

　ちなみに、一般雇用で働いていた方が同じ会社で障害者雇用として契約し直すことは法律上可能ですが、その場合、多くの助成金を企業が受けられなくなります。

　余談ですが、法定雇用率未達成の会社に「罰金」が課されるという話をよく聞きます。しかし、正確には罰金ではなく「納付金」です。罰金は支払うことで違法したことが免除になりますが、納付金は支払っても免除にはなりません。納付金を収めても、法定雇用率を達成するよう努めなければならないのです。

- 障害者雇用を希望する場合、障害者手帳を取得する必要があります
- ハローワークには「専門援助部門」があるため、障害者手帳を取得したあとにはまず相談するよう伝えましょう

5-4 特例子会社の特徴

特例子会社は障害者を雇うために特例で設立された子会社で、知的障害や身体障害者の方が多く在籍しています。

特例子会社の特徴

障害者雇用の求人で出てくるのが「**特例子会社**」という用語です。特例子会社は、一定の要件を満たしたうえで厚生労働大臣の認可を受け、障害者雇用率の算定で親会社の一事業所と見なされる子会社です。

親会社が大企業であれば障害者雇用の数も多いため、その雇用した障害者を集めた子会社（特例子会社）を作ることができるのです。つまり、障害者を雇うために特例で設立された子会社です。

特例子会社の上層部は健常者であることが多いですが、主任やグループリーダーなどは障害者である場合も多いです。そのため、親会社よりも障害者であることを気負わずにすみ、働きやすいという方もいます。

また、就業規則や社内環境などは特例子会社独自のものを作れるため、障害者に沿った内容になっている可能性が高いです。障害者に対しての理解も親会社より高く、大手企業だと専門職を指導員として雇用している場合もあります。

特例子会社では知的障害や身体障害の方が多い

特例子会社ではさまざまな障害者が働いているため、**当事者が他の障害者の方に配慮すること**も生じます。他の障害者への理解や配慮がむずかしい場合には衝突の原因となりやすいため、注意が必要です。

特に、平成30年（2018年）までは「精神障害者保健福祉手帳所持者」が法定雇用率の算定に含まれなかったことなどから、**障害者雇用で採用されているのは知的障害や身体障害者の方が多く、特例子会社も知的障害者や身体障害者の支援に特化したところが多い**です。

法改正後に精神障害者（発達障害者）の雇用が増えているため、今後

特例子会社制度

親会社

特例子会社

親会社：意思決定／役員派遣／障害者雇入数の規定など

特例子会社：雇用人数を親会社に合算し、雇用率を算定可能

引用：チャレンジラボ HP https://persol-diverse.co.jp/lab/fundamental/recruit/recruit005/

どのように変化していくかは注視する必要があります。当面の間は、知的障害者や身体障害者の方が多く在籍する場で働くことになる可能性が高いと思っておいてよいでしょう。

　特例子会社では異動や業務内容の変化はほぼないため、環境の変化が苦手な発達障害者には望ましい職場環境といえます。一方、変化がないと飽きてしまうタイプの発達障害者には向いていないかもしれません。

　また、転職で一般雇用に挑戦してみたいと思っても、履歴書に企業名を書くと特例子会社であることがわかります（企業名を調べればの話ですが）。親会社で勤務の場合、障害者雇用であることは記載せずに企業名のみを履歴書に書けばいいためそうした心配はありません。将来的に一般雇用を見据えるのかどうかなども当事者と話し合う必要があります。

POINT!

○特例子会社では就業規則などが障害者に沿ったものである可能性が高く、働きやすいという方もいます

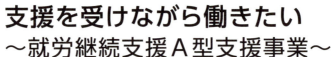

5-5 支援を受けながら働きたい
～就労継続支援A型支援事業～

> 就労継続支援A型支援事業は、雇用契約を結ぶ点などは障害者雇用と同じですが、福祉施設と一般企業という違いがあります。

　障害者雇用での就労は困難ではあるものの、生活リズムは安定しており、ある程度の労働時間に耐える体力も備えている方におすすめの働き方が「**就労継続支援A型支援事業**」です。
　利用年齢は65歳までとなっており、利用するには事業所に見学・相談に行ったあと、**自治体の障害福祉窓口やハローワークで相談します**。
　特に発達障害の方の場合、働く力は十分にあるものの、対人関係のトラブルが多かったり、自らSOSを発信しにくかったりする方がいます。そうした方に利用していただきたい福祉施設です。
　就労継続支援A型事業では、一般雇用や障害者雇用と同様に雇用契約を結びます。雇用契約は、雇用主が労働者に対して労働への報酬を支払うという契約です。雇用契約を結ぶと労働基準法や労働契約法が適用されるため、報酬は最低賃金が適応されます。

● 障害者雇用との違い

　障害者雇用との大きな違いは、**支援者が業務指示を出す**という点です。そのため、利用者同士のトラブルが発生した場合や相談にのってほしいことがある場合などには、すぐに支援者が対応できます。
　デメリットとしては、一般企業に比べて職業選択の幅が狭まることです。近年、都市部ではその数が増え、業務内容も清掃作業や飲食店、軽作業、印刷業、農業など多彩になってきました。しかし地域差は大きく、業務内容の選択ができないところがまだまだ多くあります。
　都市部では支援や経営がきちんとされていないところも存在するため、事前に「障害者就業・生活支援センター」（183P）などの専門機関に相談したり、事業所の母体なども調べる必要があります。

また、法律上は雇用期限はありませんが、新規の利用者が雇用されると、事業所には2年間助成金が支払われます。そのため、利用を開始するときに「2年間の有期限」だと説明する悪質な事業所も存在します。

　就労継続支援A型事業所で一定期間働き、**対人スキルや障害特性の理解を深めることで、一般雇用や障害者雇用にステップアップする人も少なくありません。**就労支援と雇用のちょうど中間に位置していると考えるとよいでしょう。

　法律上、利用にあたって障害者手帳は不要ですが、利用者の大半は障害者手帳を所持しています。

　また、**当事者の方の世帯所得により利用料が発生する場合があります。**障害者雇用から就労継続支援A型事業所に転職される方もいますが、その場合、利用料が発生することを念頭においておく必要があります。

> ※利用料が発生する場合
> ・昨年まで働いており年収が200万円以上あった人
> ・配偶者が高収入の人　　・不動産収入等がある人

■障害者雇用と就労継続支援A型事業所

	障害者雇用	就労継続支援A型
雇用者	一般企業	福祉施設
雇用契約	あり	あり
業務指示	上司（健常者）	支援者（専門職）
同僚	健常者が大半	障害者
雇用期限	契約による	なし

○障害者雇用との大きな違いは「支援者が業務指示を出す」点であり、当事者の世帯所得によって利用料が発生することがあります

5-6 ゆっくりと働きたい
～就労継続支援B型支援事業～

就労継続支援B型支援事業では収入は見込めませんが、生活習慣を整えたり、体力づくりなどのために利用するのもよいでしょう。

　雇用契約に基づく就労をしようと思うと、報酬に見合うだけの労働をしなければなりません。しかし、生活習慣が安定していなかったり、体力がなかったり、作業スキルや対人スキルが不足している方の場合には、そうした労働がむずかしく契約を結ぶことができません。そうした方の働き先として「**就労継続支援B型支援事業**」があります。

　就労継続支援B型事業所は就労継続支援A型事業所と同様、**就労をサポートする福祉施設**になり、利用するにあたり事業所に見学・相談に行ったあと、自治体の障害福祉窓口やハローワークで相談します。

　業務指示は支援者（専門職）が行い、利用者は障害者となります。障害者手帳は必須ではありませんが、**取得されている方が大半**です。利用料もA型と同様に、①昨年まで働いており年収が200万円以上あった人、②配偶者が高収入の人、③不動産収入等がある人は支払う必要があります。

● A型事業所との違い

　就労継続支援B型事業所は**雇用契約を結ばないため、最低賃金は発生しません**。そのため、月に20日間通所したとしても、1～2万円程度の工賃となります。その分、**1日や1週間で働かなければいけない時間は定まっておらず、その方の体力や状態に合わせて、週1日、1日数時間から利用することができます**。休憩室が用意されているところも多く、疲れたら横になることもでき、その方のペースで無理なく働けます。

　業務内容は、軽作業やお弁当づくり、お菓子づくり、裁縫など事業所によってさまざまなため、事前に見学に行き、その方に合った事業所を選択できるようにします。

おしゃべりをしたり音楽を聴きながら作業ができるところや、静かに黙々と作業をするところ、個別ブースを与えてもらえるところ、忙しく動き回るところなど、雰囲気なども事業所によって異なります。

A型事業所とB型事業所の違い

	就労継続支援A型事業所	就労継続支援B型事業所
雇用契約	あり	なし
年齢制限	65歳まで	制限なし
平均工賃（賃金）※	月額83,551円	月額17,031円
人数※	約8.4万人	約32.9万人
働き方	・週に5日、1日4～5時間程度の勤務が基本 ・毎日決まった時間に通所して働く	・1日1時間、週1日の勤務も可能 ・その方のペースに合わせて無理なく働くことができる

※厚生労働省「障害者の就労支援対策の状況」
https://www.mhlw.go.jp/stf/seisakunitsuite/bunya/hukushi_kaigo/shougaishahukushi/service/shurou.html

　就労継続支援A型事業所は、利用年齢が65歳までとなっていますが、就労継続支援B型事業所は利用年齢の制限がないため、**利用者の年齢層が高いところ**もあります。

　働く場所ではありますが、「朝起きられるようにしたい」「外に出る練習がしたい」など**生活習慣を整えたり、体力づくりをしたり、人と関わる練習をしたりするために利用するのもよいでしょう**。

　収入はほとんど見込めないため、家族のサポートが得られるか、生活保護を申請して利用される方が多いです。

○就労継続支援B型事業所は年齢の制限がなく、A型事業所と違い、その方のペースで働くことが可能です

働く練習がしたい
～就労移行支援事業～

就労移行支援事業には2年の利用期限がありますが、就労までをサポートしてくれるサービスです。

● 就労移行支援事業の特徴

　一般雇用や障害者雇用を目指しているものの、働くためのスキルやマナーが十分に身についていない方が、「**働くための練習がしたい**」ときに使えるのが「**就労移行支援事業**」です。

　近年、発達障害者に特化した就労移行支援事業所が増えています。そうしたところでは、プログラミングやグラフィックデザイン、ワードやエクセルなど、パソコン操作を習得するプログラムが多く設定されていたり、コミュニケーションスキルを高めるためのプログラムが設定されています。申込み方法は、事業所に見学・相談に行ったあと、市町村役場の障害福祉課などの窓口になります。

　利用料や障害者手帳の有無については「就労継続支援事業」（就労継続支援A型・B型事業所）と同じですが、**利用期限が2年と限られている点**が異なります。そのため、「2年以内に就労できる状態にあること」が利用のポイントです。途中で利用を中止にした場合、残りの日数を改めて利用の際に使うことができますが、トータルで2年の利用になることに変わりはないので注意が必要です。

● 就労までの流れ

　プログラム内容は事業所によって異なりますが、就労までの大まかな流れとして、①障害理解や健康管理などを行う「基礎」の段階、②事業所内で作業をしながらマナーや報連相などの練習を行う「就職準備」の段階、③実際の企業に見学に行ったり、実習に行ったりする「実践的訓練」の段階を経て、④就職活動を行い、⑤就職となります。

　③実践的訓練の段階では、希望する業種や職種に見学や実習に行くこ

就労までの事業所の取り組みの例

利用開始 →	0〜6か月 [基礎訓練]	a. 作業の確実性、集中力、協調性を身につける b. 就労への課題の明解化、自己理解 c. 基礎体力向上・生活リズムの改善
1年 →	6〜12か月 [就職準備]	a. 就職への意識の確立 b. 就職のためのマナー、履歴書作成、面接技法の習得 c. 就業習慣の成立
2年 →	12か月〜18か月 [実践的訓練]	a. 就職活動、職場見学、職場実習、トライアル雇用の実践 b. 適性に合った職場探し
	就職	就職後のアフターフォロー （関係機関、就職先との連携、巡回）

※たまん福祉会 HP「就労移行支援コース」をもとに作成
http://www.taman.or.jp/detail.jsp?id=44805&menuid=9834&funcid=1

とができるため、「どういうところが合っているのか」を体験しながら見つけていくことができます。また、定期的に担当スタッフと面談を行い、現状確認や就職の希望の確認などを行う場所がほとんどです。

　事業所が企業とのネットワークを多くもっていると、多くの求人情報が入ってきたり、実習先が多く選べたりするため、HPやパンフレットなどで就職実績などを確認しておくとよいでしょう。

● 休職中の復職支援プログラムがあることも

　就労移行支援事業は、基本的に**専門学校や大学などに在籍していたり、アルバイトなど就労をしている場合には利用することができません**。そのため、家族のサポートや失業手当、傷病手当金などを利用して通われる方が多いです。

　ただし、休職中の方のリワーク（復職）支援としての利用は認められ

※スキルアップスマイルHP「自立につながるサポート体制」をもとに作成
https://sus.stone-free.jp/about_us/support.html

ています。復職支援プログラムを実施している就労移行事業所はまだ少ないため、このプログラムがなくても受け入れてもらえるのかは各事業所に問い合わせる必要があります。

　平成30年度の障害福祉サービス等の報酬改定によって「休職した障害者が就労移行支援を実施することによって復職すること」が明文化されたため、復職支援プログラムを実施する就労移行支援事業所が少しずつ増えてきています。

　就職後も、**6か月間は定着支援として企業訪問や相談支援を行ってもらえます**。就職して困っていることや会社との間に入ってほしいことなどを相談することができます。事業所によっては、OB会のように就職した人たちが集まる機会を設けているところもあります。

　就職して7か月目以降は、希望者のみ「就労定着支援事業」に移行します。就労定着支援事業に関しては次項で説明します。

 POINT!

○就労移行支援事業は就労までを支援してくれるサービスですが、休職中の方の復職支援として利用することもできます

5-8 就職したあとのサポートがほしい
～就労定着支援事業～

> 就労定着支援事業は、障害者雇用で就職した人が、就職後6か月経ってから利用できるサービスです。

　就職が決まればそれでゴールではありません。就職したあとも、職場で体調を崩さず、仕事を継続することが重要です。

　しかし実際には仕事がうまく覚えられなかったり、人間関係に悩んだりする方も多いでしょう。そうした相談を受けたとき、多くの支援者は企業と連絡を取ることが憚られ、現状把握が当事者からの話のみになり、もどかしい気持ちになることもあると思います。そうしたときに活用してほしいのが、「**就労定着支援事業**」です。

　就労定着支援事業は、「就労移行支援事業所」や「就労継続支援事業所」、「自立訓練」（次項で説明）などを利用したあとに**障害者雇用で就職した人が、就職して6か月経ってから利用できます**。

　月1回以上、企業と当事者との面談日や訪問日を設定し、困っていることがないかなどを確認したり、企業側の意見を聞き、必要な支援を講じます。そのため、企業が当事者をどのように見ているかなどの情報は就労定着支援事業所がもっていることが多いです。

● 就労定着支援事業の特徴

　就労定着支援事業は「任意の申し込み」で利用することができ、**1年ごとの更新が必要で最長3年間利用できます**。就労定着支援事業は就労移行支援事業所が同時に実施していることが多いのですが、それぞれの事業は別の職員が担当するため、就労移行支援事業から就労定着支援事業に移行した際には、担当スタッフが原則交代となります。

　利用料金は就労継続支援などと同様、前年度所得が約200万円以上や配偶者の所得がある場合などに月3,000円程度の利用料が発生します。

　就労定着支援事業は任意なので、**当事者が自分で必要の有無を判断し**

就労定着支援事業の支援内容

関係機関
- 就労移行支援事業所
- 就労継続支援事業所（A、B）
- 生活介護
- 自立訓練

- 障害者就業・生活支援センター
- 医療機関
- 社会福祉協議会　等

就労にともない生じている生活面の課題⇒生活リズム、体調管理、給料の浪費等
・遅刻や欠勤の増加
・身だしなみの乱れ
・薬の飲み忘れ

働く障害者　→　企業等

一般就労へ移行

①相談による課題把握
②連絡調整
③必要な支援

②連絡調整　→　就労定着支援事業所

障害者との相談を通じて生活面の課題を把握し、企業や関係機関等との連絡調整やそれにともなう課題解決に向けて必要となる支援を実施

引用：厚生労働省「平成30年度障害福祉サービス等報酬改定について」
https://www.mhlw.go.jp/stf/seisakunitsuite/bunya/0000202214.html

ます。1年目は無料で利用できることが多いですが、2年目からは利用料が発生するほうが多いでしょう。そのため、周囲が就労定着支援事業を必要だと感じていても本人は更新しないということも生じます。

したがって、周囲の支援者は当事者の会社での様子を把握し、就労定着支援事業の更新時期が近づいてきたときには、**継続が必要か不要かを話し合う機会を設けてください。**

企業側が支援の継続を望んでいることもありますが、あくまで継続の決定は当事者の意思となります。企業が当事者をどう評価していると思うかなど、周囲の視点に立つことを促していくことも重要です。

POINT!

○就労定着支援事業は任意の申し込みで最長3年間利用できます（1年ごとの更新が必要）

5-9 家事・生活スキルを高めたい
〜自立訓練（生活訓練）事業〜

自立訓練（生活訓練）事業は、1人暮らしのための準備や生活習慣を整えるために利用することができます。

● 自立訓練（生活訓練）事業の目的

地域生活における生活能力の維持・向上等のために支援が必要な知的・精神障害者が利用できるのが「**自立訓練（生活訓練）事業**」です。発達障害者は精神障害者に含まれるため利用できます。

本来は、入所施設や入院していた方が地域生活に移行するときに使う目的でつくられた制度ですが、実家暮らしの人が1人暮らしをするための準備として利用したり、ひきこもり生活をしていた人が生活習慣を整えるために利用したりすることもできます。

内容としては第4章の「経済面・生活面のサービス」に含まれるものですが、就労移行支援事業や就労継続支援事業などと同じ「訓練等給付」に含まれるため第5章で紹介します。

● 自立訓練（生活訓練）の内容

洗濯や掃除、料理などの家事の練習や、公共交通機関の乗り方、飲食店での注文のしかた、銀行ATMの操作方法などを練習することができます。

「通所型」と「宿泊型」があり、通所型は毎日通って練習をしますが、宿泊型はある一定期間事業所内に寝泊まりして訓練をします。**利用期間は2年間と有期限です**。利用料金は、就労移行支援事業や就労継続支援事業などと同様です。

自立訓練（生活訓練）事業を利用して生活スキルを高め、就労移行支援事業で職業スキルを高めたあとに一般企業に就職するという流れが、国が想定した支援の流れです。

実際には、次ページ図にあるように障害者雇用から就労継続支援A型

就労までの流れ・利用申込の流れ

自立訓練（生活訓練）事業から就労までの流れ

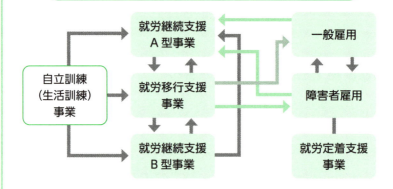

訓練等給付の利用申込みの流れ

利用を希望する人

- 見学・相談（市町村役場担当窓口）
  ↓
- 利用申込書類等提出
  ↓
- 提出書類の内容を確認
  ↓
- 利用承諾会議（利用の決定）

- 市町村・指定特定相談支援事業所へ利用相談
  ↓
- 障害福祉サービスの支給申請
  ↓
- サービス等利用計画の作成
  ↓
- 市区町村から障害福祉サービス受給者証の交付を受ける

受給者証は、利用開始当日に持参。申請の段階では必要ない。

↓

利用契約・利用開始

引用：国立障害者リハビリテーションセンター自立支援局 HP「自立訓練（機能訓練・生活訓練）、就労移行支援」
http://www.rehab.go.jp/TrainingCenter/riyou/applicants1-1/

事業に行ったり、就労移行支援事業から就労継続支援Ｂ型事業に行くなど、当事者の様態に合わせてさまざまなパターンがあります。

　反対に、一般雇用だった方がそこでは力が発揮できず、手帳を取得して障害者雇用や就労継続支援Ａ型事業に転職したり、有期限で障害者雇用されていた方が契約満期退職したあとに就労継続支援Ａ型事業に就職したり、就労移行支援事業所で訓練を積んだものの雇用契約を結べる状態まで到達できずに、就労継続支援Ｂ型事業でさらに就職訓練を継続するといったこともあります。

　これまで紹介してきた就労継続支援事業や就労移行支援事業、自立訓練事業など、障害者総合支援法の訓練等給付における事業の申し込み方法はすべて同じです。申込み方法は、事業所に見学・相談に行ったあと、市町村役場の障害福祉課などの窓口になります。

- 自立訓練（生活訓練）事業は生活スキルを高めるために利用でき、その後、就労継続支援事業や就労移行支援事業などの利用に進みます

5-10 若年コミュニケーション能力要支援者就職プログラムとは?

ハローワークの一般相談窓口には「就職支援ナビゲーター」がおり、相談や当事者の方に応じた専門機関を紹介してつないでくれます。

● 就職支援ナビゲーターとは?

34歳以下の若者で、仕事をしたい気持ちはあるものの対人関係が苦手でなかなか一歩を踏み出せない方、転職を繰り返している方、たくさん応募しているのに採用がとれない方に紹介したいのが「**若年コミュニケーション能力要支援者就職プログラム**」です。

このプログラムでは、ハローワークや若年層向けの就職支援機関の一般相談窓口でも支援ができるように、支援スキームが組まれています。そして支援の中心となるのが「就職支援ナビゲーター」です。

「**就職支援ナビゲーター**」はハローワークに所属する就職支援の専門家で、職業相談・職業紹介、履歴書・職務経歴書の個別添削等の就職支援、当事者のニーズに応じた求人開拓を行います。

このプログラムの就職支援ナビゲーターは、発達障害者の知識に特化した**発達障害者専門指導監から助言・指導などを受けながら当事者の相談を受けます**。

就職支援ナビゲーターはキャリアコンサルタントや産業カウンセラー、社会福祉士などの有資格者や企業での人事経験者などが採用され、担当者によって進め方や得意分野が異なります。

● 就職支援ナビゲーターの支援内容

発達障害の可能性が高く、当事者も発達障害であることを受け入れられる場合には、ハローワークの専門援助部門や発達障害者支援センターなど、**その方に応じた専門機関を紹介してつないでくれます**。

逆に、発達障害の可能性が低い場合や、当事者が発達障害であることを受け入れがたい場合には、**カウンセリングを行ったり、就職の面接や**

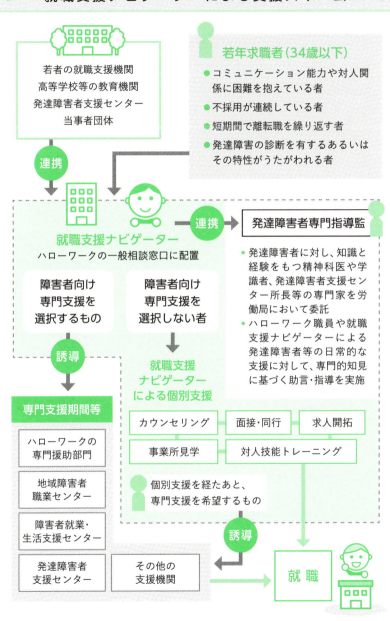

引用：厚生労働省「若年コミュニケーション能力要支援者就職プログラム」
https://www.mhlw.go.jp/file/06-Seisakujouhou-11600000-Shokugyouanteikyoku/0000146552.pdf

事業所見学に同行してくれます。そうした活動を通じて「やはり専門機関によるサポートがないと就職はむずかしい」と当事者との間で結論が出た場合にも、専門機関を紹介してくれます。

つまり、当事者個人の気持ちや状況に寄り添いながら、適したタイミングで専門機関につないでくれるところといえます。

支援者が「この方は福祉サービスを利用したほうがいいだろう」と感じていても、当事者が同じ気持ちとは限りません。そうしたときに無理に福祉サービスをすすめても、当事者との関係がこじれたり、最悪の場合は関係が切れてしまいます。

しかし、一度、当事者が福祉サービスの利用を断ったからといって、その後も絶対に使わないとは限りません。さまざまな手立てをすべて試した結果、うまくいかず福祉サービスを使いたいという気持ちになることや、他の当事者と触れ合うなかで意識が変わる方などもいます。

そうした当事者の気持ちの変化に寄り添い、適したタイミングで当事者に合ったところを紹介するのが重要であり、その役割を就職支援ナビゲーターが担っています。

■若年コミュニケーション能力要支援者就職プログラムの内容

①若年者の就職支援を行う機関と障害者の就労支援機関の連携体制を構築

②発達障害等、さまざまな要因によりコミュニケーション能力に困難を抱えている要支援者に対して、自らの特性と支援の必要性についての気づきを促し、適切な支援への誘導を行う

③発達障害者に対する専門的支援の強化を図ること等により、要支援者のニーズに応じた適切な相談・支援を実施し、要支援者の円滑な就職の促進を図る

● 就職支援ナビゲーターの配置箇所

　若年コミュニケーション能力要支援者就職プログラムは2013年度から全国展開しています。

　また、若者の就職支援を行う就職支援ナビゲーターもいます。これは「わかものハローワーク」に配置され、おおむね34歳以下の正社員を目指す方が利用できます。

　わかものハローワークは、北海道、宮城、福島、埼玉、千葉、東京、神奈川、新潟、富山、静岡、愛知、京都、大阪、兵庫、岡山、広島、愛媛、福岡、鹿児島の全国に21か所あります（令和6年10月1日時点）。

POINT!

○「若年コミュニケーション能力要支援者就職プログラム」による就職支援ナビゲーターは、ハローワークの一般相談窓口にいます。相談やカウンセリングを行ったり、事業所見学に同行するなどのサポートが受けられます

5-11 精神・発達障害者雇用サポーターとは？

診断があり、就職困難な方などに向けたサービスが精神・発達障害者雇用サポーターです。

精神・発達障害者雇用サポーターの特徴

　前項の「若年コミュニケーション能力要支援者就職プログラム」は、発達障害の診断をもつまたはその特性が疑われる方で、対人関係に困っている方が利用するものでした。

　すでに発達障害の診断を受けており、就職が困難な方や転職を繰り返している方、専門機関につながっていない方などを対象にサポートしてくれるのが「**精神・発達障害者雇用サポーター**」です。これはハローワークの専門援助部門に配置されており、臨床心理士や精神保健福祉士などの有資格者が採用されています。

　臨床心理士や精神保健福祉士はいずれも発達障害者支援の専門職ではないためこれらの有資格者のなかにも発達障害に詳しい人とそうでない人がいます。

　ですので、発達障害に詳しく、かつ就職支援の知識や経験が豊富な担当者に当たれば幸運といえるでしょう。

　これまで「発達障害者雇用トータルサポーター」や「精神障害者雇用トータルサポーター」が配置されていましたが、2024年度から精神・発達障害者雇用サポーターが新設されました。全国で300名配置されています。ハローワークは全国で544か所（2024年4月1日時点）のため、お近くのハローワークに精神・発達障害者雇用サポーターが配置されているか確認が必要です。

　精神・発達障害者雇用サポーターは、当事者に対して、**どのようなことに困っているのかの相談**や、**就職に必要な準備がどのようなものか**を個別カウンセリングしたり、専門機関と連携を取ったりします。また、当事者へのアプローチだけでなく、発達障害者を雇用する企業に対して、

精神・発達障害者雇用サポーターの役割

発達障害者専門指導監

発達障害者に関する知識と支援等の経験を持つ精神科医や学識者等に委嘱。ハローワークの相談員等に対して、医学的知見等に基づく助言・指導や研修を実施。

地域障害者職業センター
- 職業評価
- 準備支援
- ジョブコーチ

連携

ハローワーク

精神・発達障害者雇用サポーター

精神保健福祉士や臨床心理士等の有資格者等をハローワークに配置（全都道府県に計300名）

連携

専門機関
- 障害者就業・生活支援センター
- 就労移行支援事業所
- 医療機関
- 発達障害者支援センター 等

支援内容

精神・発達障害者に対する支援	企業に対する支援
・担当者制による相談 ・専門機関への誘導 ・職場実習、職業紹介 ・職場定着支援	・精神障害者等の雇用に対する理解促進 ・求職者とのマッチング支援 ・雇用管理に関する助言・援助

引用：厚生労働省　https://www.mhlw.go.jp/content/001257599.pdf

相談を受けたり助言したりもします。

POINT!

○精神・発達障害者雇用サポーターは発達障害の診断を受けており、就職が困難な方や転職を繰り返している方、専門機関につながっていない方などをサポートしてくれます

職業能力の開発に関する制度

職業能力開発校は、障害者の適性に合った職業訓練などを行っており、さまざまなコースが用意されています。

🟢 職業能力開発校の特徴

「**職業能力開発校**」は、職業能力開発促進法に基づいて働く人が段階的かつ体系的に職業に必要な技能やこれに関する知識を習得することができるように、職業訓練を行う公共職業能力開発施設です。

職業能力開発校の種類

①職業能力開発総合大学校
②職業能力開発大学校、職業能力開発短期大学校（ポリテクカレッジ）
③職業能力開発促進センター（ポリテクセンター）
④障害者職業能力開発校
※①、②は高卒者対象

①と②には**発達障害者を対象とした訓練コースを設置し、その障害に配慮した職業訓練を実施する**ところがあり、④には**発達障害者を対象とした専門的な職業訓練を実施する**ところもあります。③は求職者の再就職を支援するための職業訓練などを行っています。

④は**障害者の適性に合った普通職業訓練や高度職業訓練を行います**。就労移行支援事業と異なるところは「学校」であるため、**学歴になる点や高度な専門技術や資格を習得することができる点**です。

④の訓練科目は学校によって異なるため、各学校のHPなどで調べる必要があります。CAD技術やWebデザインを習得するコース、事務職を目指す人にはOA事務、経営事務、医療事務を学べるコース、パン・お菓子づくりや園芸、機械・建築関係などを学べるコースなどが設置さ

> ### 全国の障害者職業能力開発校の一覧

国立機構営校（2校）
※独立行政法人高齢・障害者・求職者雇用支援機構が運営
- 中央障害者職業能力開発校（国立職業リハビリテーションセンター）
- 吉備高原障害者職業能力開発校（国立吉備高原職業リハビリテーションセンター）

国立県営校（11校）
- 北海道障害者職業能力開発校
- 宮城障害者職業能力開発校
- 東京障害者職業能力開発校
- 神奈川障害者職業能力開発校
- 石川障害者職業能力開発校
- 愛知障害者職業能力開発校
- 大阪障害者職業能力開発校
- 兵庫障害者職業能力開発校
- 広島障害者職業能力開発校
- 福岡障害者職業能力開発校
- 鹿児島障害者職業能力開発校

県立県営校（6校）
- 青森県立障害者職業訓練校
- 千葉県立障害者高等技術専門校
- 静岡県立あしたか職業訓練校
- 岐阜県立障がい者職業能力開発校
- 京都府立京都障害者高等技術専門校
- 兵庫県立障害者高等技術専門学院

れる学校があり、期間も3か月、6か月、1年とコースにより異なります。

　入学金や年間授業料が必要となり、学費は学校やコースによって異なりますが、一般の大学の授業料と同程度と思われておくとよいでしょう。また、教育ローンや技能者育成資金融資制度が使えたり、学校によって減免制度が設けられています。入学前に資料を取り寄せたり、学校に問い合わせたりすることが必要です。

　学歴や習得したい技術、通える場所にあるか、学費などを考慮し、当事者に合ったところが見つかるようサポートする必要があります。

 POINT!

○職業能力開発校は発達障害者を対象とした職業訓練などを実施しており、学校であるため学歴や専門技術などを修得できます

5-13 地域障害者職業センターの特徴

> 地域障害者職業センターは障害者の職業リハビリテーションの拠点になり、無料で利用できます。

● 障害者の職業リハビリテーションの拠点

　発達障害者のなかには、働く意欲があっても社会スキルや対人関係スキルの問題などからすぐに仕事をすることが困難な方がいます。そうしたときには、就職するまでの準備が必要となります。

　これまで就労移行支援事業や職業能力開発校などを紹介しましたが、「どこで準備をすればいいかわからない」状態になる方も多く、支援者もどこに紹介すれば適切なのか困ることもあるでしょう。そうしたときに利用してほしいのが「**地域障害者職業センター（通称：職セン）**」です。

　このセンターは、独立行政法人高齢・障害・求職者雇用支援機構が設置している障害者の職業リハビリテーションの拠点です。全国の各都道府県に最低1か所ずつ設置され無料で利用できます。

● 地域障害者職業センターの業務内容

地域障害者職業センターでは次の業務を行います。

- 職業評価
- 職業準備支援
- 職場適応援助者（ジョブコーチ）支援事業
- 精神障害者総合雇用支援
- 事業主に対する相談・援助
- 地域の関係機関に対する職業リハビリテーションに関する助言・援助等の実施

　これらのなかで発達障害者が利用するとよいのが、「**職業評価**」「**職業**

準備支援」「職場適応援助者（ジョブコーチ）支援事業」の3つです。

職業評価の内容

職業評価は、「自分の作業スキルのレベルを知りたい」「どのよう作業が向いているのか知りたい」など、「これがやりたい」という希望が特になく、就労移行支援事業に行くにしてもどのような業務内容の場所を選べばいいかわからない方にぜひ受けてほしいものです。

申し込むと、当事者や家族、関係機関へのヒアリング（生活状況、職歴、今後の希望など）が行われ、職業適性検査を実施します。職業適性検査では、その方の興味関心を調べる質問紙や部品の組み立て、書類の仕分け、電卓での計算など複数の作業を行う検査などが行われます。

後日、それらの結果を基に職業能力等を評価し、個人の状況に応じた「職業リハビリテーション計画」が策定されます。この際、障害者就業・生活支援センターやハローワーク、発達障害者支援センターなど必要な専門機関の職員が集まることもあります。そのなかで「就労移行支援事業を使うのか」「職業準備支援を使うのか」「就職活動を開始するのか」「障害者雇用か一般雇用か」などが話し合われ、計画に記載されます。

職業準備支援の内容

「職業準備支援」は、地域障害者職業センターで実施されるカリキュラムを受けることで、**労働習慣の体得、作業遂行力の向上、コミュニケーション能力・対人対応力の向上**を目指します。具体的には、作業訓練やコミュニケーションのプログラムなどが設定されています。

大学の授業のようなイメージで、その方に必要なプログラムを選択し、各自に合わせた時間割が作成され、それに合わせて通います。通う期間も各自に合わせて「1週間〜3か月」に設定されます。短期集中型の準備ができると思っておくとよいでしょう。

ただし、各都道府県内に1か所のところが多いため、居住地によっては職業準備支援に通うことが困難な方も多くいます。そうした場合には、就労移行支援事業や能力開発校などを優先することになります。

🟢 職場適応援助者（ジョブコーチ）支援事業の内容

「職場適応援助者（ジョブコーチ）支援事業」は、**障害者雇用として採用されたあとに使う制度**です。障害者と事業主に対して、雇用の前後を通じて障害特性を踏まえた直接的・専門的な援助を実施します。

ジョブコーチには「配置型」「訪問型」「企業在籍型」の3タイプがあり、地域障害者職業センターに配置されているジョブコーチは「配置型」になります。配置型ジョブコーチは数が限られていることなどから、**支援の難易度が高い方の場合に活用すると考えてください**。支援開始当初は集中的に訪問や相談を行ってくれます。

就労定着支援事業などでジョブコーチの資格を取得されている方は「訪問型ジョブコーチ」となり、多くはこちらを利用することになります。企業在籍型ジョブコーチは企業に在籍し、同じ企業に雇用されている障害のある労働者が職場適応できるようさまざまな支援を行います。障害雇用者が多い企業や特例子会社に在籍されている場合が多いのですが、在籍があるか企業に確認する必要があります。

なお、全国の地域障害者職業センター一覧は下記を参照ください。

https://www.jeed.or.jp/location/chiiki/index.html

■ ジョブコーチの種類

配置型ジョブ コーチ	地域障害者職業センターに配置。就職等の困難性の高い障害者を重点的な支援対象
訪問型ジョブ コーチ	障害者の就労支援を行う社会福祉法人等に雇用。高齢・障害・求職者雇用支援機構が実施する、または厚生労働大臣が定める「訪問型職場適応援助者養成研修」を修了した者であって、必要な相当程度の経験・能力を有する者が担当
企業在籍型 ジョブコーチ	障害者を雇用する企業に雇用。機構が実施する、または厚生労働大臣が定める「企業在籍型職場適応援助者養成研修」を修了した者が担当

178

ジョブコーチによる支援の流れと内容

集中支援
不適応課題を分析し、集中的に改善を図る〈週3〜4日訪問〉

→ **移行支援**
支援ノウハウの伝授やキーパーソンの育成により、支援の主体を徐々に職場に移行〈週1〜2日間訪問〉

→ **フォローアップ**
数週間〜数か月に一度訪問

※支援期間1〜8か月（標準2〜4か月）（地域支援センターの場合）

ジョブコーチの役割

- 障害特性に配慮した雇用管理に関する助言
- 配置、職務内容の設定に関する助言

- 業務遂行力の向上支援
- 職場内コミュニケーション能力の向上支援
- 健康管理、生活リズムの構築

事業主
（管理監督者・人事担当者）

ジョブコーチ

障害者

上司・同僚・同僚

家族

- 障害の理解に係る社内啓発
- 障害者との関わり方に関する助言
- 指導方法に関する助言

- 安定した職業生活を送るための家族の関わり方に関する助言

引用：厚生労働省「職場適応援助者（ジョブコーチ）による支援」
https://www.mhlw.go.jp/file/05-Shingikai-12602000-Seisakutoukatsukan-Sanjikanshitsu_Roudouseisakutantou/0000143902.pdf

　一部の地域障害者職業センターでは、うつ病等の疾患により休職している方に対し、**リワーク支援**を提供しています。お住まいの地域障害者職業センターでリワーク支援を行っているか問い合わせてください。
　リワーク支援では、休職者、職場の担当者、主治医の意向を確認し、リワーク支援計画が立てられ、支援期間や支援内容が決まります。支援

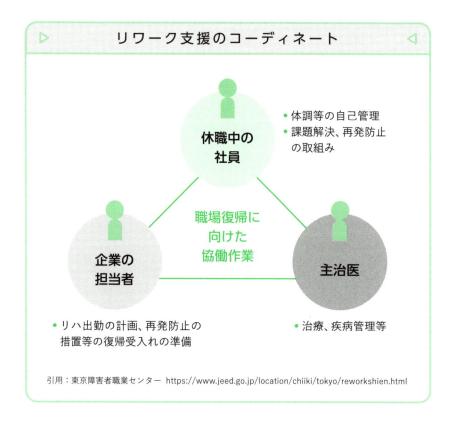

引用：東京障害者職業センター https://www.jeed.go.jp/location/chiiki/tokyo/reworkshien.html

内容には①生活リズムの再構築、体調の自己管理、②体力の回復、作業を通じて集中力、持続力、気分、ストレス・疲労の確認、③職場復帰に必要な基礎知識の習得と自分に合った活用方法の検討、④個別又は集団での各種講座、⑤様々なコミュニケーション技法の体験と習得があります。必要に応じてリハビリ出勤を行い、復帰時期について調整したりもします。

○地域障害者職業センターでは、「職業評価」「職業準備支援」「職場適応援助者（ジョブコーチ）支援事業」の3つを活用しましょう

5-14 発達障害者に対する体系的支援プログラムの特徴

> 発達障害者就労支援カリキュラムは、発達障害の診断を受けていれば利用できる無料の求職活動支援サービスです。

● 講座の受講や体験学習ができる

前項の地域障害者職業センターで行っている「職業準備支援」のなかには、発達障害の方に特化したカリキュラムがあります。それが「**発達障害者就労支援カリキュラム**」です。

発達障害者就労支援カリキュラムは、**発達障害の診断を受けていれば受講することができるため、障害者手帳は必要なく、無料で利用することができます。**

当事者の方の「求職活動支援」のためにセンター内で講座を受講するだけでなく、事業所で体験実習を実施します。そして、体験実習のなかで課題が出てくれば、再度センター内で講座を受講したり作業支援をしてもらったりします。そして、関係機関との就労支援ネットワークの構築に向けた取り組みも行っています。

● 発達障害者就労支援カリキュラムの期間

発達障害者就労支援カリキュラムの期間は12週間であり、センター内での技能体得のための講座が8週間、事業所での体験実習を通じた実践的な支援が4週間になります。

カリキュラムの内容は、地域障害者職業センターごとに異なります。また、開始時期や募集時期なども異なりますので、各センターに問い合わせてください。チラシなどを用意している都道府県もありますので、支援者はそれをもらえるよう希望しましょう。

発達障害者就労支援カリキュラムの概要

対象者 → 発達障害者（主たる障害が「発達障害」である者）

職業準備支援

発達障害者就労支援カリキュラム（12週間程度）

| センター内での技能体得のための講座 8週間程度 | → | 事業所での体験実習を通じた実践的な支援 4週間程度 |

- 問題解決技能
- 対人技能
- リラクゼーション技能
- 作業マニュアル作成技能

↕

個別相談

↕

積極的な就労場面での作業支援

- 事業所での体験実習を実施

- センター内での支援から事業所内での支援に移行
- 事業所内での支援の状況を踏まえ、技能体得のための講座、個別相談、作業支援を再実施

→ 求職活動支援

↕

関係機関との発達障害者就労支援ネットワークの構築

引用：厚生労働省「発達障害者に対する体系的支援プログラム」
https://www.mhlw.go.jp/file/06-Seisakujouhou-11600000-Shokugyouanteikyoku/0000122349.pdf

---

 POINT!

○発達障害者就労支援カリキュラムでは、センター内での講座や事業所での体験学習など、技能習得や実践的な支援を行ってくれます

5-15 障害者就業・生活支援センターの特徴

> 障害者就業・生活支援センターは就職に関する相談がメインで、地域の就労に関する社会資源の知識やノウハウに優れた機関です。

● 障害者の就職支援の中心となる

障害者の就職支援の中心となるのは、「**障害者就業・生活支援センター（通称：就ポツ、なかポツ）**」です。**相談は無料で、障害者手帳がなくても相談ができます**。就職に関係する相談が主で、働くために必要な生活のサポートも実施されます。

障害者就業・生活支援センターは、**相談がメインの機関となりますので、就職をあっせんしたり職業訓練を行ったりといった具体的な支援はできません**。しかし、就職に関わるあらゆる機関とのネットワークをもっています。

これまで紹介してきた就労移行支援事業所や地域障害者職業センター、職業能力開発校、障害者雇用をしている企業などは就ポツのネットワーク内にあります。そのため、**就労に関する交通整理をしてもらえるところ**だと考えておくとよいでしょう。

● 地域の就労に関する知識やノウハウに優れている

地域障害者職業センターよりも身近にあるため、**地域の就労に関する社会資源の知識やノウハウは優れています**。そのため、支援者が「地域の就労についての情報を知りたい」と思った際には就ポツに問い合わせてみてください。

また、障害者雇用ではなく一般雇用を選択した場合にも相談を継続することができます。ただし、雇用保険に基づいた事業となるため、公務員の方は利用することができません。また、一般雇用の場合には企業訪問をすることができませんので、当事者との面接相談が主となります。

障害者就業・生活支援センターの支援内容

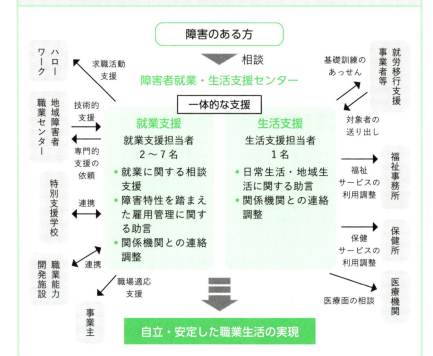

〈 就業面での支援 〉

■ 就業に関する相談支援
- 就職に向けた準備支援（職業準備訓練、職場実習のあっせん）
- 就職活動の支援
- 職場定着に向けた支援

■ 障害のある方それぞれの障害特性を踏まえた雇用管理についての事業所に対する助言

■ 関係機関との連絡調整

〈 生活面での支援 〉

■ 日常生活・地域生活に関する助言
- 生活習慣の形成、健康管理、金銭管理等の日常生活の自己管理に関する助言
- 住居、年金、余暇活動など地域生活、生活設計に関する助言

■ 関係機関との連絡調整

引用：東京労働局 HP「障害者就業・生活支援センターについて」
https://jsite.mhlw.go.jp/tokyo-roudoukyoku/hourei_seido_tetsuzuki/shokugyou_shoukai/0720.html

発達障害者の就労支援の流れ

〇：主に障害者本人に対する支援施策
◎：事業主に対する支援施策（障害者と事業主双方を支援するものを含む）

精神障害者

ハローワーク
- 〇福祉、教育、医療から雇用への移行推進事業
- 〇職業訓練
- ◎精神障害者雇用トータルサポーターによる専門的支援（定着支援含む）
- 〇就労支援ナビゲーター等による職業相談・紹介
- ◎求人公開、面接会の開催等
- ◎トライアル雇用（3か月）
- ◎短時間トライアル雇用（最大12か月）
- ◎各種助成金の支援
- ◎職場適応指導

障害者就業・生活支援センター
- 〇関係機関への連絡・調整
- 〇本人への生活支援
- ◎職場定着支援（仕事を続けるための相談支援）
- ◎事業主支援
- 〇本人への生活支援

地域障害者職業センター
- 〇本人への職業準備支援等
- ◎雇入れ支援、研修・セミナー等の開催
- ◎雇用マニュアルや好事例の紹介
- ◎ジョブコーチ支援（最大2～4か月〔最大8か月〕、その後も適宜フォローアップ）

就職準備段階 → マッチング段階 →職場適応段階

定着段階（就職半年程後／休職）

地域障害者職業センター
- ◎職場適応支援（ジョブコーチ支援を含む）
- ◎リワーク支援（3～4か月）
  ※主治医とも連携

ハローワーク、障害者就業・生活支援センター、地域障害者職業センターが中心となり、障害者と事業主双方に対する就職準備段階から職場定着（リワーク支援含む）までの一貫した支援を実施

※厚生労働省「精神障害者の雇用促進に係る支援施策の流れ」をもとに作成
https://www.mhlw.go.jp/file/05-Shingikai-12602000-Seisakutoukatsukan-Sanjikanshitsu_Roudouseisakutantou/0000143902.pdf

就労選択支援の流れ

就労系障害福祉サービスの利用申請

計画相談支援事業所

就労選択支援の利用
随時情報提供をおこない、障がい者本人と協同

- アセスメント
- 多機関連携会議
- 関係機関との連絡調整
- 雇用事例などの情報収集・提供

計画相談支援事業所

就労系障害福祉サービスの利用

就労継続支援A型
就労継続支援B型
就労移行支援

一般就労

ハローワーク
※アセスメント結果を踏まえ職業訓練などを実施

一般企業など

引用：なるほど！ジョブメドレー　https://job-medley.com/tips/detail/25325/

障害者就業・生活支援センターと地域障害者職業センターとハローワークは密接に関わり合っており、ひんぱんに連携を取り合っています。

　したがって、「就労に関する相談がしたい」方がいたら、まずは就ポツに連絡して面談予約をするよう助言してください。そこから必要に応じて地域障害者職業センターやハローワークにつないでもらえます。

　2025年10月から障害者総合支援法において「就労選択支援」という新たなサービスを導入することが検討されています。これまで述べてきたように、今の制度では、「就労移行支援事業を使いたい」など、どのサービスを使うかを決めて申請する手順になっています。それでは全てのサービスを把握しておかなければならず、知らなければ適切なサービスにつながらないという事態が生じます。そのため、**まずは就労選択支援を受け、就労アセスメントを実施してから、当事者が望むサービスを申請する**という仕組みが「**就労選択支援**」です。現時点で就労選択支援の実施主体は、就労支援事業所、障害者就業・生活支援センターなど障害者向け就労系サービスを運用する事業所が想定されています。今後の動向に注意が必要です。

> ○障害者就業・生活支援センターは地域の就労に関する中心地であり、就労面や生活面での支援を行っています

5-16 就労支援のまとめ

就労支援で役立つ就労準備ピラミッドを活用し、当事者の方に合った制度やサービスを検討しましょう。

　第5章では、就労支援に関する制度やサービスを多く紹介してきました。これだけ多くの制度やサービスがあることを知っていただければ嬉しいですが、一方で多くありすぎて混乱してしまった方もいるのではないでしょうか。

　ここでは、これまで紹介してきた制度やサービスを改めてまとめたものと、発達障害者への就労支援の基本的な考え方についてお伝えできればと思います。

● 就労準備ピラミッドの活用

　まず、就労支援をするうえで知っておいてほしいのが「**就労準備ピラミッド**」（次ページ参照）です。就労を達成するためには、このピラミッドを下から順番に積み重ねていく必要があります。今、「**ピラミッドのどの部分が達成されているか**」をアセスメントしてください。そして、達成されていない部分はどうすれば達成できるかを当事者と話し合いながら方針を計画していく必要があります。

　そのときに、当事者の努力だけでなく、制度やサービスを取り入れることで達成されやすくなることがあるでしょう。

　第4章で紹介した制度やサービスの多くは、「**健康管理**」「**日常生活管理**」などを支援してくれるものになります。

　地域活動支援センターなどの居場所支援や就労継続支援B型事業所では、「**社会生活能力**」「**対人技能**」などをサポートしてくれます。

　就労移行支援事業所や就労継続支援A型事業所では、「**対人技能**」「**基本的労働習慣**」などを支援してくれるでしょう。

　それぞれの制度やサービスが何を支援してくれるものか、必要なとき

就労準備ピラミッド

職業適性
- 自分がしたい仕事やできる仕事を知っている
- 自分のセールスポイントがわかっている
- 得意分野をもっている

基本的労働習慣
- 欠勤・遅刻せずに継続勤務ができる
- 欠勤・遅刻の場合には、連絡ができる
- 職場の規則を守ることができる

社会生活能力・対人技能
- あいさつ、返事が適切にできる
- 自分の要求が適切に伝えられる
- 言葉遣いや態度・マナーができている

日常生活管理・基本的な生活のリズム
- 決まった時間に起き、日々の予定をこなすことができる
- 服装、身だしなみなど、適切に気を配れる
- 余暇をリラックスして過ごすことで、気晴らしができる

健康管理・障害の理解
- 定期的に通院し、服薬が守れる
- 自分の病気や症状について、よく知っている
- 病気に関することを医師と相談できる
- 調子が悪くなった時は、適切に対処できる
- 疲れたときは、適宜休むことができる

就労に対する意欲

引用:かわさきアットジョブ HP
http://www.k-atjob.jp/service2

に必要なページを何度も読み返し、理解を深めてください。

また、同じ事業であっても地域差や事業差などがあります。そのため、地域の拠点となる相談機関や市町村役場に気軽に問い合わせてみてほしいと思います。発達障害者を支援する際に、その方が住んでいる地域について詳しくなることが一番重要です。

POINT!

○ 就労準備ピラミッドを活用するとともに、地域の相談機関や市町村役場に相談し、地域の情報に詳しくなることが重要です

就労支援に関する機関のまとめ

就職・復職に向けた相談　｜　就労準備　｜　求職・復職のための活動　｜　職場適応・職業生活支援

ハローワーク（公共職業安定所）

職業紹介・就職面談会

連携

地域障害者職業センター

職業評価　｜　職業準備支援　｜　職場適応支援（ジョブコーチ支援を含む）

障害者就業・生活支援センター

基礎訓練・職場実習・生活に関する助言

職業相談

職場定着支援（仕事を続けるための相談支援）

職業能力開発校

職業訓練

就労移行支援事業所

一般就労に向けた訓練

就労継続支援事業所

福祉的就労

引用：高次脳機能障害情報・支援センター HP「就労支援について知りたい」
http://www.rehab.go.jp/brain_fukyu/how06/

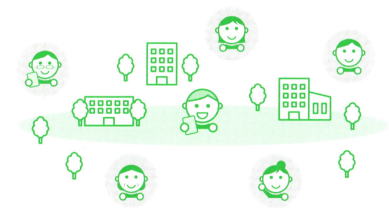

第5章 大人編 就労面の支援で利用できるサービス

発達障害支援に関連する用語一覧

用 語	解 説
ABA [Applied Behavior Analysis]	応用行動分析：行動に着目した心理療法の１つ
ADHD [Attention-Deficit/ Hyperactivity Disorder]	注意欠如・多動症／注意欠如・多動性障害
ASD [Autism Spectrum Disorder]	自閉スペクトラム症／自閉症スペクトラム障害
CA [Chronological Age]	生活年齢
CBT [Cognitive-Behavioral-Therapy]	認知行動療法：認知と行動に着目した心理療法の１つ
CSW [Community Social Worker]	コミュニティソーシャルワーカー
DQ [Developmental Quotient]	発達指数
IQ [Intelligence Quotient]	知能指数
MSW [Medical Social Worker]	医療ソーシャルワーカー
PDD [Pervasive Developmental Disorders]	広汎性発達障害
PSW [Psychiatric Social Worker]	精神保健福祉士（MHSW とも言う）
SC [School Counselor]	スクールカウンセラー
SLD [LD] [Specific Learning Disability 〈Learning Disability〉]	限局性学習症／限局性学習障害（学習障害）
SST [Social Skill Training]	ソーシャルスキルトレーニング（社会技能訓練）：対人関係や社会生活を営むために必要なスキルを習得するためのトレーニング
SSW [School Social Worker]	スクールソーシャルワーカー
SW [Social Worker]	ソーシャルワーカー

TEACCH［ティーチ］	自閉症とその関連する領域にあるコミュニケーション障害の子どもやその家族に対する包括的対策プログラムの名称
一保［いちほ］	一時保護
ガイヘル	ガイドヘルパー
家児相［かじそう］	家庭児童相談室
子かセン［こかせん］・児相［じそう］	子ども家庭センター・児童相談所
サビ管［さびかん］・サ責［させき］	サービス管理責任者
児発［じはつ］	児童発達支援
児発管［じはつかん］	児童発達支援管理責任者
社協［しゃきょう］	社会福祉協議会
就ポツ［しゅうぽつ］・なかポツ	障害者就業・生活支援センター
情短［じょうたん］	情緒障害児短期治療施設（現：児童心理治療施設）
職安［しょくあん］	公共職業安定所（ハローワーク）
職セン［しょくせん］	地域障害者職業センター
生保［せいほ］	生活保護
地活［ちかつ］	地域活動支援センター
知更相［ちこうそう］	知的障害者更生相談所
特児［とくじ］	特別児童扶養手当
ファミサポ	ファミリー・サポート・センター事業
放デイ［ほうでい］	放課後等デイサービス
要対協［ようたいきょう］	要保護児童対策地域協議会

発達障害に関連する検査一覧

検査	解説
AQ 日本語版 自閉症スペクト ラム指数	【成人用：16歳以上　児童用：6歳〜15歳】 研究・臨床の双方で国際的に利用されている高機能自閉症 やアスペルガー障害を含む自閉症スペクトラム障害の自己 記入式スクリーニング検査
CAADID	【適用年齢：18歳以上】 成人のADHDを診断する際に重要となる成人期と小児期の 両方における症状を評価できるように構成されている。パー トⅠで対象者の生活歴を簡潔かつ包括的に把握し、パートⅡ で対象者がDSM-ⅣのADHD基準「A〜D」に該当するか どうかを判断。現在の症状だけでなく、子どもの頃にADHD の症状があったかどうか確認する
CAARS	【適用年齢：18歳以上】 ADHDの中核症状である不注意・多動性・衝動性のほか、 関連する症状や行動を量的に評価。DSM-ⅣによるADHD 診断基準と整合性のある尺度
KABC-II	【適用年齢：2歳6か月〜18歳11か月】 子どもの知的活動を、認知処理過程と知識・技能の習得度の 両方面から詳しく分析し、子どもの得意とする知的活動の特 徴を総合的に評価し、教育・指導に直結させることができる
MSPA	発達障害の要支援度評価尺度：生活現場でのニーズを重視 して開発された日本生まれの新しい発達障害の評価尺度。 多様な支援者が特性の個人差を視覚的に理解できるよう、こ だわり・睡眠リズム・反復運動といった当事者が困りやす い要素とその要支援度をレーダーチャートで結果を示す
PARS-TR	親面接式自閉スペクトラム症評定尺度 テキスト改訂版：自 閉スペクトラム症（ASD）の発達・行動症状について養育者 に面接し、その存否と程度を評定する検査。 幼児期および現在の行動特徴を自閉スペクトラム症の発達・ 行動症状と症状に影響する環境要因の観点から把握する
TOM 心の理論 課題検査	【適用年齢：3歳〜7歳】 学習障害児・自閉症児など社会的発達に問題をもつ子はも とより、健常な幼児・児童が他人の意図・思考など、心の動 きをどのくらい理解できているかを知るために、世界ではじ めて開発された検査

ウェクスラー式 知能検査	個人の知能構造を診断する目的で開発した知能検査。知能のなかでどのような力が高いのか、または低いのかといったことが理解できる。受検者の年齢によって幼児期は WPPSI（ウィプシ）、児童期・思春期は WISC（ウィスク）、成人期以降は WAIS（ウェイス）と検査名が異なる
遠城寺式 乳幼児分析的発達診断検査	【適用年齢：0か月～4歳8か月】 ※あくまでも通常発達適用年齢の範囲となるため、この年齢に限らず使用できる 心身障害児の発達状況を比較的簡単に検査して発達グラフにあらわし、一見して発達障害の部位や程度を把握できる。「運動・社会性・言語」の3分野から質問項目を構成し、「移動運動・手の運動・基本的習慣・対人関係・発語・言語理解」の6つの領域で把握
新版K式発達検査2001［最新版は2020］	知的能力だけではなく、身体運動能力や社会性の発達なども含めて発達水準を測定。子どもが遊んでいる感覚で検査を実施することができ、子どもの自発的かつ自然な行動が観察しやすい
フロスティッグ視知覚発達検査尺度修正版	【適用年齢：4歳0か月～7歳11か月】 子どもの視知覚上の問題点を発見し、適切な訓練を行うための検査。問題行動、ろう、難聴、脳性小児まひ、知的障害、情緒障害、LD（学習障害）などの子どもにも実施できる。個別、集団いずれの方法でも行える
田中ビネー知能検査 V	【適用範囲：2歳～成人】 知的能力の分析に特化した知能検査。日本人の文化やパーソナリティ特性、生活様式に即した問題内容を採用。年齢に応じて分けられた問題構成となり、「年齢尺度」を採用している
比喩皮肉文テスト［MSST］	比喩・皮肉の理解を検討するために作成されたテスト。テスト文は場面状況（前提条件）と発話から構成されている。各問題には選択肢が5つあり、皮肉問題には字義どおりの解釈による誤答選択肢も設けられている

障害者・児童・就労に関連する法律一覧

●障害者に関する法律

法律	解 説
社会福祉法	社会福祉の増進を図るために社会福祉事業について定めている
障害者基本法	障害者の自立および社会参加の支援等の施策に対する基本理念を定めている
障害者虐待防止法	障害者虐待の防止を目的としている
障害者差別解消法	障害を理由とする差別の解消を推進することを目的としている
障害者総合支援法	障害や難病のある人への福祉サービスについて定めている
身体障害者福祉法	身体障害者の自立と社会経済活動への参加を促進することを目的としている
精神保健及び精神障害者福祉に関する法律［精神保健福祉法］	精神障害者の社会復帰の促進およびその自立と社会経済活動への促進を目的としている
知的障害者福祉法	知的障害者の自立と社会経済活動への参加を促進することを目的としている
発達障害者支援法	発達障害者の自立および社会参加のための生活全般にわたる支援を図ることを目的としている

●児童に関する法律

法律	解 説
学校教育法	学校教育制度の根幹を定めている
子ども・子育て支援法	子どもおよび子どもを養育している者に必要な支援を行い、子どもが健やかに成長することができる社会の実現に寄与することを目的としている

次世代育成支援対策推進法	次代の社会を担う子どもが健やかに生まれ、かつ、育成される社会の形成に資することを目的としている
児童虐待防止法	児童に対する虐待を禁止し、児童の権利利益の擁護を目的としている
児童福祉法	すべての児童が心身の健やかな成長および発達、そしてその自立が図られることや福祉を等しく保障される権利を有していることを定めている
地域保健法	地域住民の健康の保持および増進を目的としている
母子及び父子並びに寡婦福祉法	母子家庭および寡婦の福祉を図ることを目的としている
母子保健法	母子保健に関する原理を明らかにし、国民保健の向上に寄与することを目的としている

●就労に関する法律

法律	解説
最低賃金法	最低賃金を定めている
男女雇用機会均等法	雇用における男女の均等な機会および待遇の確保を図っている。マタハラを防止する措置をとることが義務づけた
労働安全衛生法	労働災害防止のため、職場における労働者の安全と健康を確保し、快適な職場環境の形成を促進することを目的としている
労働基準法	労働条件（雇用契約、労働時間、賃金等）に関する最低限の基準を定めている
労働契約法	合理的な労働条件の決定または変更が円滑に行われるようにすることを通じて、労働者の保護を図ることを目的としている

197

さくいん

ＡＢＣ

DSM-5	15
ICD-10	15
IQ（知能指数）	18, 24

あ 行

一般雇用	144
移動介護従事者（ガイドヘルパー）	54, 124
移動支援	54
オープンでの就労	144
親会社	145, 155

か 行

家庭児童相談室	41
加配保育士	57
教育センター	44
クローズでの就労	145
行動援護	54
行動援護従業者	55
合理的配慮	95, 148
子育て援助活動支援事業（ファミリー・サポート・センター事業）	74
子育て世代包括支援センター	41
子育て短期支援事業	71
こども家庭センター	42
子ども・子育て支援新制度	62
個別支援計画	51
個別の教育支援計画	98
個別の指導計画	98
コミュニティソーシャルワーカー（CSW）	138

さ 行

サービス等利用計画書	47
市町村保健センター	41
失業手当	118
児童自立支援施設	80
児童心理治療施設	81
児童相談所（子ども家庭センター／子ども相談センター）	42
児童手当	38
児童発達支援事業所	47
児童発達支援センター	47
児童福祉法	21, 80
児童扶養手当	38
児童養護施設	81
社会資源	12
社会福祉協議会	138
社会保障制度	12
若年コミュニケーション能力	
要支援者就職プログラム	168
就職支援ナビゲーター	168
就職準備ピラミッド	189
就労移行支援事業	160
就労継続支援A型事業所	144, 156
就労継続支援B型事業所	144, 158
就労定着支援事業	162, 163
障害支援区分	121
障害支援区分認定調査	121
障害児通所支援	45
障害児福祉手当	40
障害者基本法	19
障害者雇用	145, 150, 156
障害者雇用差別解消法	148
障害者雇用促進法	145, 148
障害者雇用率（法定雇用率）	150

障害者就業・生活支援センター
（就ポツ、なかポツ） 152, 183, 185
障害者自立支援法 20
障害者総合支援法 19
障害者手帳 22, 27, 34, 104, 151
障害年金 107, 111
傷病手当金 115
職業能力開発校 174
自立訓練（生活訓練）事業 165
自立支援医療（精神通院医療） 113
申請主義 12
身体障害者手帳 22, 24
精神障害者居宅生活支援事業
（ホームヘルパー） 124
精神障害者保健福祉手帳 22, 24
精神・発達障害者雇用サポーター 172
精神保健福祉センター 135
相談支援事業所 130
ソーシャルワーカー 14

た 行

地域活動支援センター 127
地域子育て支援拠点事業 67
地域子ども・子育て支援事業 62
地域障害者職業センター（職セン）
176, 185
通級指導教室（通級による指導） 87, 88
通常学級 88, 90
適応指導教室 44
特別支援学級 87, 92
特別支援学校 35, 87, 92
特別支援教育 85
特別支援教育コーディネーター 101
特別児童扶養手当 40

特例子会社 145, 154

な・は行

乳児院 81
発達障害 15
発達障害者支援センター 30
発達障害者就労支援カリキュラム 181
ハローワーク 152, 185
病児保育事業 77
病歴・就労状況等申立書 111
放課後等デイサービス 48
母子生活支援施設 80

や・ら・わ行

養育支援訪問事業 69
要保護児童対策地域協議会（子ども
を守る地域ネットワーク） 82
療育手帳（みどりの手帳、愛の手帳）
22, 24
利用者支援事業 64
リワーク支援 179
わかものハローワーク 171

カバーデザイン　山之口正和＋中島弥生子（OKIKATA）
カバーイラスト　寺崎愛
本文デザイン・DTP　初見弘一（TOMORROW FROM HERE）

●本書の一部または全部について、個人で使用するほかは、著作権上、著者およびソシム株式会社の承諾を得ずに無断で複写／複製することは禁じられております。
●本書の内容の運用によって、いかなる障害が生じても、ソシム株式会社、著者のいずれも責任を負いかねますのであらかじめご了承ください。
●本書の内容に関して、ご質問やご意見などがございましたら、下記までFAXにてご連絡ください。なお、電話によるお問い合わせ、本書の内容を超えたご質問には応じられませんのでご了承ください。

増補改訂　発達障害に関わる人が知っておきたい サービスの基本と利用のしかた

2024年11月20日　初版第1刷発行

著　　者　浜内彩乃
発行人　片柳秀夫
編集人　志水宣晴
発　　行　ソシム株式会社
　　　　　https://www.socym.co.jp/
　　　　　〒101-0064 東京都千代田区神田猿楽町1-5-15 猿楽町SSビル
　　　　　TEL：(03)5217-2400（代表）
　　　　　FAX：(03)5217-2420

印刷・製本　中央精版印刷株式会社

定価はカバーに表示してあります。
落丁・乱丁本は弊社編集部までお送りください。送料弊社負担にてお取替えいたします。
ISBN978-4-8026-1493-1　©Hamauchi Ayano 2024, Printed in Japan